Faites connaissance

An activity approach to letter-writing in French

Anne Topping

The right of the
University of Cambridge
to print and sell
all manner of books
was granted by
Henry VIII in 1534.
The University has printed
and published continuously
since 1584.

Cambridge University Press

Cambridge

New York Port Chester

Melbourne Sydney

Published by the Press Syndicate of the University of Cambridge
The Pitt Building, Trumpington Street, Cambridge CB2 1RP
40 West 20th Street, New York, NY 10011, USA
10 Stamford Road, Oakleigh, Melbourne 3166, Australia

© Anne Topping 1985

First published 1985
Reprinted 1990

Printed in Great Britain at the University Press, Cambridge

ISBN 0 521 31654 5

Acknowledgements

The author would like to thank Madame Renée Béchet, Mademoiselle Marie-Chantal
Cauchois and Mrs Josée Jean-Flood for kindly reading the manuscript. Author and
publisher are grateful to pupils and staff of the Lycée-Collège de Semur-en-Auxois,
France and the Ward Freman School, Buntingford, England for an energetic and
enjoyable photo session.

Photography by Trevor Clifford. Illustrations by Paul Oldman.

Cover photograph and photograph of 'Nathalie and friends' by Nigel Luckhurst.

MX

CONTENTS

Introduction

During the years when this book was being written and tested, it became increasingly apparent that pupils wrote better letters in French when these were related to oral work and classroom activities that taught them something about France and French people. So, in this published version, pupils are not suddenly presented with a letter to answer. Using the French–English vocabulary and the check-lists at the back of the book, they first prepare the introductory exercises. Instructions for these are given in simple French which is included in the vocabulary. During this preparation time the teacher is available to answer questions and show pupils how to use the check-lists. The exercises are checked orally and, when possible, pupils are encouraged to find a great variety of different answers to each item. This can be done very quickly, so that most of the class have several turns at saying a short sentence in French. Each answer is repeated correctly by the teacher so that all the class can hear it. Errors need only be commented on when they are seen to be particularly important. Greater emphasis is placed on understanding, finding out, and expressing opinions than on reaching the unobtainable goal of speaking and writing perfect French when one is still a teenager. Some of the work can be done in pairs, and the more difficult exercises can be revised from time to time so that structures can be remembered and fluency improved. Homework could consist of learning essential vocabulary. By the time pupils come to answer the letters, they are able to tackle them confidently.

The marking scheme for the letters should be explained to pupils: any question or idea which could be understood by a native speaker receives a mark, even if the spelling is wrong. Bonus marks can be given to pupils who cope particularly well, but all pupils who make themselves understood should be considered to have reached a good standard in doing something which is demanding, even for adults.

ANNE TOPPING

Read this!

This book will help you to write a good letter – in French! And writing a letter in French is quite a challenge, even for adults.

The main objective in each unit is to write a reply to a letter, but some preparation is vital, so first you are asked to work through the exercises. Grammar exercises like verb practice and so on *are* worth doing because they will make it easer for you to say what you want. So don't make it tough for yourself by skipping them – OR your vocabulary-learning homework.

In most units there is a special section called 'Mon profil'. Keep a notebook in which to build up a profile of yourself – personal details, likes, dislikes, hopes and fears. Then, when you are stuck for something to say, refer to it for ideas. Keep a notebook, as well, for collecting useful words and expressions.

And don't be afraid of expressing your own opinion! No one wants to read a boring letter.

P.S.   *   next to a verb means that it follows the rules on page 79.

      +   next to a verb means that you have to use **être** in the perfect tense.

Just a few hints

1. When addressing envelopes, write **Monsieur, Madame** and **Mademoiselle** in full, because it is considered polite. Copy all numbers extremely carefully, remembering to cross your sevens in the French way, otherwise they may be taken for ones.

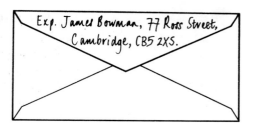

2. French people write their names and addresses on the back of the envelope. Most of the time, they don't bother to write the address on the letter itself, so don't throw away the envelope until you have made a note of where they live! The letters **Exp.** in front of the name is an abbreviation for **expéditeur**, which means **sender**.

3. If you don't receive a reply to your letter, it could be that your own address was incomplete or badly written. Write EXTREMELY CLEARLY. What is obvious to an English person is not necessarily obvious to someone in another country. French handwriting isn't easy for us to read.

4. Call your pen-friend **tu** all the way through the letter. DO NOT switch from **tu** to **vous**. Remember that if you say **tu** to someone, you need to say **ton, ta** and **tes**. It sounds odd to a French peson if you mix **tu** with **votre** and **vos**. NEVER say **tu** to an adult. They might think you were being rude! French teenagers do say **tu** to their parents and sometimes to adults they have known since they were little children, but that is different.

5. Start with your pen-friend's news and don't forget to say thank you for any presents or invitations. Make sure you answer all the questions in your pen-friend's letter.

6. Find out different ways of thanking a French pen-friend and different ways of ending your letters.

7   When you first start letter-writing, you need help. Don't rush. Take the trouble to look things up at the back of this book and, if you possibly can, get yourself a small dictionary which is not too heavy to carry to school. It will save you time and help you to be more accurate.

8   If you want a French pen-friend, here are some useful addresses:

IPFS
10015 Ivrea
Italy

International Youth Service
PB 125 SF-20101 Turku
Finland

International Scholastic
    Correspondence
The Gleanings
Dartington
Totnes TQ9 6DZ

Central Bureau for Educational
    Visits and Exchanges
Seymour Mews House
Seymour Mews
London W1H 9PE

La France

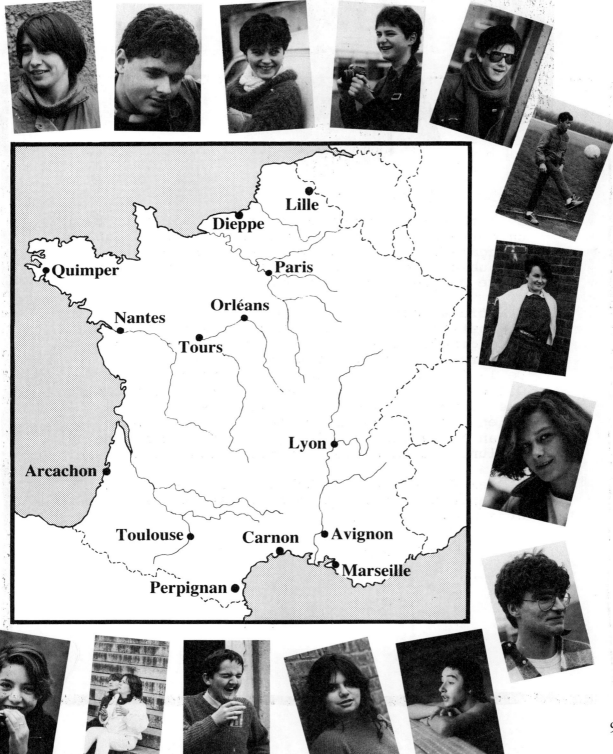

Quimper
Dieppe
Lille
Paris
Orléans
Nantes
Tours
Lyon
Arcachon
Toulouse
Carnon
Avignon
Marseille
Perpignan

Dieppe, le 6 août 19...

Cher/Chère ...,

Mon amie Jeanne m'a dit que tu aimerais avoir un correspondant français ou une correspondante française. J'ai seize ans et j'habite un immeuble au centre de Dieppe, avec Maman et mon frère Jacques qui a quatorze ans.

Notre appartement est au troisième. Nous avons une petite entrée, un séjour, deux chambres (une grande et une petite), une cuisine, un débarras, une salle de bains et une terrasse. De la fenêtre de ma chambre, je vois le port de Dieppe. C'est intéressant. J'ai une bicyclette que je mets à la cave. J'aimerais avoir un chien. Malheureusement, ce n'est pas possible: Maman travaille tous les jours, sauf dimanche et lundi, et mon frère et moi allons au collège.

Quel âge as-tu? Où habites-tu? Comment est ton appartement ou ta maison? As-tu des frères et sœurs?

Amitiés

Annick

A Répondez en anglais

1 Where exactly is Annick's block of flats?
2 On what floor is the flat?
3 What can she see from her bedroom window?
4 Where does she keep her bicycle?
5 Why can't she have a dog?

B Copiez dans votre 'Carnet de mots utiles'

mon père *(m.s.) my father*   mes frères *(m.pl.) my brothers*
ma mère *(f.s.) my mother*   mes sœurs *(f.pl.) my sisters*

Attention! mon école *my school* (Mot féminin qui commence par une voyelle.)

C Copiez et complétez par 'mon', 'ma' ou 'mes'

1 ... sœur   6 ... bicyclette
2 ... frère   7 ... rue
3 ... chien   8 ... chambre
4 ... amis   9 ... disques
5 ... cassettes   10 ... amie

D Copiez dans votre 'Carnet de mots utiles'

notre jardin *(m.s.) our garden*   nos voisins *(m.pl.) our neighbours*
notre maison *(f.s.) our house*   nos affaires *(m.pl.) our belongings*

E Copiez et complétez par 'notre' ou 'nos'

1 ... chambres   6 ... voisins
2 ... séjour   7 ... placards
3 ... salle de bains   8 ... abri de jardin
4 ... cuisine   9 ... grenier
5 ... garage   10 ... ville

F Copiez et complétez par

**joli   grand   petit   amusant   confortable   gentil
sévère   calme   bruyant   intéressant**

1 Le jardin est ...   6 Mes amis sont ...
2 Notre maison est ...   7 Notre rue est ...
3 La cuisine est ...   8 Ta mère est ...
4 Le séjour est ...   9 Ton père est ...
5 Ma chambre est ...   10 Tes parents sont ...

MON PROFIL

Copiez et complétez (Voir pages 74-96.)

Mon nom est ....

Mon prénom est ....

Ma date de naissance est ....

Je mesure .... (en mètres et centimètres)

Mes yeux sont ....

Mes cheveux sont ....

Je suis ....
(Mettez votre nationalité. Si vous êtes Anglais(e), Ecossais(e), Gallois(e) ou de l'Irlande du Nord, votre nationalité est Britannique.)

J'habite .... (Indiquez votre adresse.)

J'ai .... (Complétez par des chiffres.)

.... sœur(s)   .... frère(s)
.... cochon(s) d'Inde   .... hamster(s)
.... tortue(s)   .... souris blanche(s)
.... chien(s)/chienne(s)   .... chat(s)/chatte(s)
.... lapin(s)   .... poisson(s)
.... calculatrice(s) de poche   .... transistor(s)
.... radio-réveil(s)   .... magnétophone(s) à
                                                 cassettes

J'aimerais ....
    avoir ....   voir ....
    aller ....   lire ....
    acheter ....   rencontrer ....
    habiter ....   apprendre ....

Ma signature ....

Date *** .... le .... 19 ....

*** Mettez le nom de votre ville

12

G Ma famille

1 Le fils de mon père est mon ...
2 Le fils de mon oncle est mon ...
3 Le père de mon frère est aussi mon ...
4 Le fils de ma sœur est mon ...
5 La mère de ma mère est ma ...
6 La mère de ma cousine est ma ...
7 La fille de ma tante est ma ...
8 La fille de mon fils est ma ...
9 Le petit-fils de mon père est mon ... ou mon ...
10 La cousine de mon fils est ma ...
11 La femme de mon père est ma ...
12 Le père de ma mère est mon ...
13 Le mari de ma tante est mon ...
14 Le père de mes enfants est mon ...
15 La fille de ma fille est ma ...

H Un(e) de vos ami(e)s a disparu lorsque vous étiez à Paris

Faites sa description pour la police française. N'oubliez pas de mentionner ses vêtements.

Write a suitable reply to Annick's letter. Answer her questions and tell her as much as you can about your own family. Ask her if she likes pop music and say you hope her mother and brother are well. Before you start, think about the exercises you have just done, and have a look at the check-lists on pages 73 to 81.

Mots à savoir

les W.-C.   *toilet, loo*
une salle à manger   *a dining room*
j'espère que ...   *I hope (that) ...*
une maison   *a house, a bungalow*
je suis fils unique (fille unique)   *I'm an only child*
il/elle s'appelle   *he/she is called*
la musique pop   *pop music*
aimes-tu?   *do you like?*
moi aussi   *I too*

13

Perpignan, le 3 février 19...

Cher/Chère ...,

Je t'envoie le dernier disque de Daniel
Guichard. J'espère que tu l'aimeras.

En ce moment, je suis dans ma chambre et mon
père pense que je fais des révisions! As-tu
beaucoup de travail? Hier soir, une amie est
venue et nous avons joué aux échecs. Il n'y
avait rien à la télé. Est-ce que les émissions
sont bien en Angleterre? Quelles sont tes
émissions préférées? Récemment, j'ai vu un
film sur l'Angleterre. Est-ce vrai que les
jeunes boivent beaucoup? Et toi? Est-ce que
tu vas dans les pubs? Il n'y en a pas en France.
Dans ma famille, on ne boit pas beaucoup. Quand
je sors avec mes amis, je prends toujours un
coca.

Viens-tu en France cet été ou vas-tu à
Blackpool comme d'habitude?

Amicalement,

Jean-Pierre

A Répondez en anglais

1 What does Jean-Pierre's father think he is doing at the moment?
2 With whom has he been playing chess?
3 Why didn't they watch television?
4 What does he say about his family?
5 What does he say about the record he is sending?

B Composez des phrases au présent

1 **avoir** un nouveau micro-ordinateur   *to have a new micro-computer*
2 **aller** à des boums   *to go to parties*
3 **venir** ici de temps en temps   *to come here from time to time*
4 **s'intéresser*** au sport   *to be interested in sport*
5 **boire** du thé tous les jours   *to drink tea very day*
6 **sortir** le week-end   *to go out at weekends*
7 **faire** du judo   *to do judo*
8 **jouer*** au ping-pong   *to play table tennis*

C Répondez en français

1 Aimez-vous jouer aux échecs?
2 Qu'est-ce que vous buvez quand vous sortez avec vos amis?
3 Est-ce que vous connaissez Daniel Guichard?
4 Quel est votre chanteur ou votre chanteuse préféré(e)? (C'est ...)
5 Est-ce qu'on boit du vin dans votre famille?

D Complétez à votre choix

1 Je prends toujours ...
2 Je t'envoie ...
3 Récemment, j'ai vu une émission sur ...
4 J'espère que ...
5 Merci pour ... Il/Elle me plaît beaucoup.
6 C'est vrai que ...
7 Ce n'est pas vrai que ...
8 Il n'y avait rien ...

E Composez des phrases au présent qui commencent par 'Est-ce que...'

EXEMPLES: **parler*** Est-ce que tu parles français?
(to speak)
partir Est-ce que Marie part à 7 heures?
(to leave)

1 aimer* *to like*
2 avoir *to have*
3 travailler* *to work*
4 acheter *to buy*
5 faire *to make*
6 sortir *to go out*
7 lire *to read*
8 venir *to come*
9 voir *to see*
10 aller *to go*

Sondage sur la télévision

MON PROFIL

Pour savoir si vous êtes un véritable amateur de télévision ou non, copiez la grille suivante. Ensuite, écrivez **5** à côté de vos émissions préférées, **4** à côté de celles que vous aimez un peu moins et ainsi de suite jusqu'à **0**.

les films		les émissions scientifiques	
les dessins animés		les émissions historiques	
les débats		les variétés	
les émissions sportives		le hit-parade	
les concerts		les téléfilms	
les feuilletons		les informations	
les enquêtes		les jeux	
la météo			

Faites le total de tous vos points et divisez par quinze

Une moyenne de 5 points: Vous adorez la télé! Est-ce que vous mangez, buvez et dormez devant un poste de télévision?

Une moyenne de 4 points: Vous aimez beaucoup la télévision et vous la regardez peut-être un peu trop.

Une moyenne de 3 points:	Vous aimez bien la télévision, mais vous vous intéressez à autre chose aussi.
Une moyenne de 2 points:	Vous aimez assez la télévision, mais vous fermez le poste quand les émissions ne sont pas bonnes.
Une moyenne de 1 point:	Vous n'aimez pas beaucoup la télévision. Vous avez un sens critique assez développé.
Une moyenne de 0 point:	Vous êtes vraiment difficile!

Reply to Jean-Pierre's letter, not forgetting to answer his questions. Ask him if he is interested in cycling. Say you have read an article about 'Le Tour de France' and enquire whether the cyclists go through Perpignan You may want to tell him about something which interests you, or to ask him more about what French teenagers do. Don't forget to use the check-lists on pages 73 to 81.

Vocabulaire

assez bien   *quite good*
ennuyeux, ennuyeuse   *boring*
c'est vrai (que)   *it is true (that)*
ce n'est pas vrai (que)   *it is not true (that)*
passer* par   *to pass through*
rester*+ chez moi   *to stay at home*
passer* mes vacances   *to spend my holidays*
un coureur   *a racing cyclist*

3

Marseille, le 26 septembre 19...

Cher/Chère ...,

Excuse-moi de ne pas t'avoir écrit depuis si longtemps. Il y a trois mois, nous avons déménagé. Nous avons quitté notre jolie maison de campagne et maintenant nous habitons un appartement en plein centre de Marseille. Notre appartement est tout près d'une piscine et j'y vais souvent. Aimes-tu les grandes villes? Notre quartier est très bruyant.

Mon nouveau collège est grand. Il y a mille deux cents élèves. Est-ce que tes profs sont gentils? Nous avons un professeur de maths qui est très amusant. Est-ce vrai qu'en Angleterre l'école commence à neuf heures? Je t'envoie mon emploi du temps. Tu vois que quatre fois par semaine, je commence à huit heures!

Qu'as-tu fait cet été? Es-tu parti(e) en vacances?

En attendant de tes nouvelles.

Bien à toi,

Nicolas.

A Répondez en anglais

1 Why does Nicolas apologise? ·
2 How long ago did he move?
3 Whereabouts in Marseilles is he living?
4 Where did he live before?
5 Why does he like his maths teacher?
6 Why is it easy for him to go swimming?

B Répondez en français

1 Habitez-vous la campagne?
2 Est-ce que votre rue est bruyante?
3 Avez-vous déjà déménagé?
4 Habitez-vous près d'une piscine?
5 Est-ce que votre collège est grand?

C Complétez à votre choix

1 Comment est ...?
2 Aimes-tu ...?
3 Il y a trois mois ...
4 Qu'as-tu fait ...?
5 Est-ce vrai que ...?

D Ecrivez au passé composé

1 faire du camping: J' ...   Nous ...
   (to go camping)
2 aller+ à la pêche: Je ...   Vous ...
   (to go fishing)
3 voir une course d'automobiles: J' ...   Mon ami et moi ...
   (to see a car race)
4 jouer* au tennis: J' ...   As-tu ...?
   (to play tennis)
5 se baigner*+ dans la mer: Je me ...   Nous nous ...
   (to go swimming in the sea)
6 lire plusieurs livres: J' ...   Elle ...
   (to read several books)
7 pleuvoir pendant une semaine: Il ...
   (to rain for a week)
8 faire des promenades à pied: Avez-vous ...?   Ils ...
   (to go for walks)

E Ecrivez à la forme négative

1 Je suis sorti(e) tous les jours.
2 J'ai bricolé.
3 Je suis parti(e) en vacances.
4 J'ai travaillé dans un café.
5 Nous sommes allé(e)s à un match de catch.
6 Nous avons joué au bowling.
7 J'ai jardiné.
8 Je suis allé(e) voir des amis.

L'emploi du temps de Nicolas

EMPLOI DU TEMPS DE 3ᵉ3 - COLLÈGE J.J. ROUSSEAU

HEURES	LUNDI	MARDI	MERCREDI	JEUDI	VENDREDI	SAMEDI
8ʰ-9ʰ	ANGLAIS			ESPAGNOL	↑SCIENCES NATURELLES	MATH
9ʰ-9ʰ55	FRANÇAIS	ANGLAIS	MUSIQUE	HIST-GÉO	↓↑	FRANÇAIS
9ʰ55-10ʰ05	RÉCRÉATION					
10ʰ05-11ʰ	FRANÇAIS	E.P.S	FRANÇAIS	E.P.S	SCIENCES PHYSIQUES↓	ANGLAIS
11ʰ-12ʰ	MATH	MATH	FRANÇAIS	E.P.S	MATH	
12ʰ-14ʰ	REPAS DE MIDI					
14ʰ-15ʰ	ESPAGNOL			MATH	DESSIN	
15ʰ-15ʰ55	↑E.MT	HIST-GÉO		ANGLAIS RENFORCÉ	ANGLAIS RENFORCÉ	
15ʰ55-16ʰ05	RÉCRÉATION					
16ʰ05-17ʰ	↓E.MT	ESPAGNOL				

1 Combien de cours a Nicolas le samedi? (Il en a ...)
2 Combien de cours a-t-il par semaine?

3 Combien de cours de français a-t-il par semaine?
4 Quelles matières apprend-il à l'école? (Le français, ...)
5 A quelle heure commence-t-il le lundi? Et le mercredi?
6 A quelle heure finit-il le mardi? Et le mercredi?
7 Combien de temps a-t-il pour déjeuner?
8 Va-t-il en classe le mercredi après-midi? Et le samedi matin?
9 Combien de cours avez-vous par semaine? (J'en ai ...)
10 Combien de cours d'anglais avez-vous par semaine?
11 A quelle heure commencez-vous le matin?
12 Allez-vous en classe le samedi?
13 Combien de temps avez-vous pour déjeuner?
14 Quelles sont les matières que vous apprenez à l'école?
15 Quelle est votre matière préférée? (C'est ...)
16 A quelle heure finissez-vous le soir?
17 Quelles sont les matières que vous n'aimez pas?

MON PROFIL

Mes matières préférées

Recopiez cette liste par ordre de préférence, en omettant les matières que vous n'apprenez pas.

les mathématiques	le travail du bois	la couture
le français	le travail des métaux	l'enseignement ménager
la géographie	le sport	la religion
l'histoire	la biologie	l'informatique
l'allemand	la physique	la chimie
la musique	la gymnastique	
le dessin	l'anglais	

Reply to Nicolas' letter, answering all his questions. Enquire about his flat. Ask questions about his new school, such as what subjects he prefers, whether he has many friends, etc. If you have time, tell him about your school. Before you start, don't forget to think about the exercises you have just done or to look at the check-lists.

Vocabulaire

à Marseille   *in Marseilles*
ton collège   *your school*
As-tu une chambre à toi tout seul?   *Do you have your own bedroom?*
Quelles sont tes matières préférées? *What are your favourite subjects?*

4

Orléans, le 6 septembre 19...

Cher/Chère ...,

Je te remercie de ta lettre et espère que tu as aimé le voyage que tu as fait avec ton école. Où es-tu allé(e)? Quel temps a-t-il fait? Dis-moi comment ça s'est passé.

Hier, je me suis cassé la jambe et dois rester à la maison pendant quelque temps. J'ai déjà lu trois romans policiers! Est-ce que tu lis beaucoup? Quels sont tes livres préférés? Lundi, on a passé Gandhi à la télévision. L'as-tu vu? Ce n'est pas mal.

Il y a une semaine, c'était mon anniversaire et nous avons dîné au restaurant. Je t'envoie le menu. J'ai choisi des huîtres et un délicieux coq au vin. Aimes-tu la cuisine française? Quelle est la date de ton anniversaire?

Tu ne parles pas de ta sœur. Où travaille-t-elle maintenant?

Meilleures amitiés à toute la famille,

Eric

A Répondez en anglais

1 Why is Eric at home at the moment?
2 How has he passed the time so far?
3 What does he say about the film he saw on television?
4 Why has he had a meal out?
5 What did he eat?

Sondage sur la lecture

MON PROFIL

Copiez la liste suivante et indiquez vos préférences par un chiffre.

Les romans policiers			Les livres de science	
Les romans de science fiction			Les livres de géographie	
Les romans d'amour			Les biographies	
Les romans historiques			Les magazines	
Les nouvelles			Les journaux	

Ce qui est passionnant	4	Ce qui est peu intéressant	1
Ce qui est très intéressant	3	Ce qui est ennuyeux	0
Ce qui est intéressant	2		

Faites le total de vos points

Plus de 35 Vous passez beaucoup de temps à lire. C'est formidable si vous trouvez aussi le temps de faire un peu de sport et de voir vos amis.

30 à 35 La lecture ne prend pas tout votre temps libre, mais vous aimez bien lire. Vous vous intéressez à beaucoup de choses.

20 à 29 Vous ne lisez pas beaucoup, sauf quand vous croyez que c'est nécessaire ou quand vous n'avez pas autre chose à faire.

10 à 19 Vous lisez peu. Regardez les livres dans une librairie ou dans une bibliothèque. Il y en a beaucoup qui sont intéressants.

Moins de 10 points Quel dommage!

Voici le menu qu'Eric a envoyé

Dites 'vrai' ou 'faux' pour chacun des phrases qui suivent.

menu à 65F   prix nets

vin non compris   **hors-d'œuvre**

Assiette de crudités   Saucisson sec
Concombre à la crème   Potage de légumes
Radis beurre   Terrine de campagne maison
Escargots (½ douzaine)   Huîtres (1 douzaine)

poissons

Truite aux amandes   Moules à la crème
Carrelet frit

ou
viandes

Poulet rôti   Tripes au calvados
Steak   Coq au vin

fromages (beurre 3F50 F)   **vins en pichet**
et   prix nets
desserts
                                Blanc 50 cl   14F
Pâtisserie   Rouge 50 cl   9F50
Glace   Rosé 50 cl   9F50
Fruit   Eau minérale la blle 9F
Crème vanille   Bière 25 cl   7F
Ananas au kirsch   Cidre la blle   15F
                                Café   8F

Vrai ou faux?

1 On doit donner un pourboire à la serveuse.
2 Le vin est compris dans le prix du menu.
3 Si on boit de la bière, on doit payer un supplément de 7 francs.
4 Si on mange du fromage, on doit payer un supplément de 3F 50.
5 Le vin est toujours servi dans des bouteilles.
6 Les boissons sont en sus.
7 Il y a un choix de poissons.
8 On doit choisir entre du fromage et un dessert.
9 La bière est plus chère que le vin rouge.
10 L' ananas au kirsch est un fromage.

B Mettez au passé composé

1 visiter* une réserve naturelle: J' ...
   (to visit a nature reserve)
2 organiser* des excursions: Les profs ...
   (to organise outings)
3 voir une villa romaine: Nous ...
   (to see a Roman villa)
4 faire des promenades à pied: Nous ...
   (to go for walks)
5 voyager* en car: Nous ...
   (to travel by coach)
6 aller⁺ en Ecosse: Nous ...
   (to go to Scotland)
7 se lever*⁺ de bonne heure: Je me ...
   (to get up early)
8 se baigner*⁺ dans un lac: On ...
   (to swim in a lake)
9 coucher* sous la tente: On ...
   (to sleep in a tent)
10 pleuvoir tous les jours: Il ...
   (to rain every day)

C Répondez en français

1 Y a-t-il des voyages organisés par votre école?
2 Si vous êtes sorti(e) avec votre école, où êtes-vous allé(e)?
3 Avez-vous déjà dîné dans un bon restaurant?
4 Avez-vous une sœur?
5 Quel temps a-t-il fait hier?

Reply to Eric's letter and be careful to answer all his questions. Tell him you will be sending him a small present in a few days time. You may also want to ask him a question about the menu and/or say what you did on your birthday. Don't forget the check-lists at the back of this book. The exercises in this chapter will also help you.

Vocabulaire

ta jambe va mieux   *your leg is better*
je vais t'envoyer   *I am going to send you*
un petit cadeau   *a small present*
il/elle s'est bien passé(e)   *it went off well*
j'apprécie beaucoup   *I enjoy very much*
je n'ai jamais goûté   *I have never tasted*

5

Lyon, le 14 novembre 19...

Cher/Chère ...,

Comment vas-tu? Es-tu allé(e) au centre
sportif avec Mary?

Il y a quinze jours, c'était ma fête et mon
oncle et ma tante m'ont donné de l'argent.
Alors, quand mon ami Jean-Paul est venu hier,
nous sommes allés dans les magasins. J'ai
acheté un livre sur l'informatique. Cela
m'intéresse beaucoup. Que fais-tu avec ton
argent de poche? La semaine prochaine, nous
allons voir une pièce de théâtre avec notre
prof de français. Quand tu fais des sorties
avec tes profs, où allez-vous? Y a-t-il un
théâtre dans la ville où tu habites? Hier,
j'ai rangé ma chambre et j'ai retrouvé la
photo que tu m'as envoyée l'année dernière!
Comment s'appelle ton ami? Va-t-il au même
collège que toi?

Amicalement,

Germaine

A Répondez en anglais

1 Why did Germaine's aunt and uncle give her money?
2 What did she do with it?
3 Where did she go with Jean-Paul?
4 When is she going to the theatre?
5 What did she do yesterday?

B Composez des phrases au futur proche

EXEMPLES: **Je vais voir** mes amis   **I'm going to see** my friends
Il va arriver demain   **He is going to arrive** tomorrow

1	Je vais ...	4	Nous allons ...
2	Tu vas ...	5	Vous allez ...
3	Il va ...	6	Ils vont ...

C Répondez en français

1 Allez-vous dans un centre sportif quelquefois?
2 Avez-vous des livres sur l'informatique?
3 Est-ce que c'est un sujet qui vous intéresse?
4 Est-ce que votre chambre est bien rangée?
5 Qu'avez-vous acheté récemment?

D Complétez à votre choix

1 Il y a quinze jours, ...
2 Y a-t-il ...?
3 Que fais-tu ...?
4 Comment s'appelle ...?
5 Va-t-elle ...?

Mon argent de poche

Combien d'argent de poche avez-vous? Copiez, complétez et finissez la liste:

Recettes:

La semaine dernière, mes parents m'ont donné   £ ...
          (**Ou:** mes parents ne m'ont rien donné)
          (**Ou:** ma mère/mon père m'a donné)
          (**Ou:** ma mère/mon père ne m'a rien donné)
          j'ai gagné   £ ...
                    TOTAL £ ...

Dépenses: (Si vos parents ou votre mère ou votre père ont payé, mettez un astérisque à côté de la somme donnée.)

sodas	£ ...	ma mobylette/ma bicyclette	
chips	...	(réparations, essence)	£ ...
vêtements	...	œuvres charitables	...
bonbons	...	magazines	...
sorties	...	journaux	...
stylos	...	cadeaux	...
shampooing	...	trains/autobus	...
disques	...	autres dépenses	...
			TOTAL £ ...

Economies
     J'ai économisé   £ ...
(**Ou:** Je n'ai rien économisé)

Dettes
     Je dois de l'argent à mon père/à ma mère/à mon ami(e)   £ ...
(**Ou:** Je ne dois rien)

Comptez

Comptez

Comptez vite combien de magasins sont cachés dans chaque liste; puis combien de fruits, combien de vêtements, et enfin combien d'activités de loisirs.

a	b	c	d
la rue	l'ascenseur	les horaires	le manteau
le collant	l'alpinisme	l'ail	la natation
la concierge	le dessin	la chemise	le tabouret
la boulangerie	la charcuterie	la papeterie	la quincaillerie
le tricot	le haricot	la fraise	le placard
la lecture	l'ananas	la commode	la pêche
la cerise	la poire	la clef	la chaussure
la pâtisserie	la pharmacie	le chemisier	l'immeuble
le raisin	la bijouterie	l'épicerie	la moquette
la librairie	la laine	la prune	le pamplemousse
la couture	l'abricot	la jupe	les échecs
la chaussette	la musique	l'entrée	la marche
le savon	les crevettes	la pomme	la moto
la consigne	le chapeau	la confiture	le mouchoir
le légume	le trajet	la moutarde	la serviette
le cidre	le jambon	la bouteille	le bureau de tabac
la douche	le mois	le sel	le poivre
la boucherie	le foulard	le citron	l'informatique

Copiez et complétez par un chiffre:

	a	b	c	d
1 Nombre de magasins	....	....	....	....
2 Nombre de fruits	....	....	....	....
3 Nombre de vêtements	....	....	....	....
4 Nombre d'activités de loisirs	....	....	....	....

Answer Germaine's letter as fully as possible. Ask if she reads a lot and what her favourite books are. Tell her about a party you have been to recently or something else you have done. Don't forget to get help from the exercises you have just done and from the check-lists at the back of the book.

Mots à savoir

il n'y a pas de ...   *there isn't a ...*
lire   *to read*
une boum   *a party*
on s'est bien amusé   *we had a nice time*
rester*⁺ jusqu'à ...   *to stay until ...*
... est venu(e) me chercher   *... came to meet me*
le dernier disque de ...   *...'s latest record*
chez un(e) ami(e)   *to/at a friend's house*

Paris, le 20 octobre 19...

    Cher/Chère ...,

    Je te remercie pour ta dernière lettre et pour la photo de ta famille. Quel âge a ton petit frère? Est-ce qu'il va à l'école?

    Maintenant de mes nouvelles! Maman a dit que nous irons en Haute-Savoie du 1er au 15 avril. Elle a décidé de louer un chalet pour six personnes à Chamonix. Veux-tu venir avec nous? Sais-tu faire du ski ou n'es-tu pas sportif (sportive)? Maman va écrire à tes parents demain pour confirmer.

    Comment va Peter? A-t-il toujours sa vieille moto? Dis-lui que j'aimerais le voir s'il vient à Paris.

    Ecris-moi vite pour me dire si tu peux venir!

Amitiés,

Yves

A Répondez en anglais

1 What exactly is Yves' mother going to rent at Chamonix?
2 Why is she going to write?
3 Why does Yves ask his friend to write soon?
4 What message does he send Peter?

B Répondez oralement

1 Si vous avez des frères et sœurs, quel âge ont-ils?
2 Comment va votre ami(e)?
3 Est-il (elle) sportif (sportive)?
4 Quel âge a-t-il (elle)?
5 Combien de personnes y a-t-il dans votre famille? (Nous sommes ...)

C Posez les mêmes questions à un(e) camarade

Attention! N'oubliez pas de lui dire **tu**.

D Copiez et complétez par le futur simple
(Voir pages 79-81.)

1 travailler*: je ...,   elle ...,   nous ...,   ils ...
   (to work)
2 finir*: je ...,   elle ...,   nous ...,   ils ...
   (to finish)
3 attendre*: j'...,   il ...,   vous ...,   elles ...
   (to wait for)
4 pouvoir: je ...,   tu ...,   il ...,   vous ...
   (to be able)
5 aller: j' ...,   tu ...,   il ...,   vous ...
   (to go)
6 être: je ...,   tu ...,   nous ...,   vous ...
   (to be)

E Travaillez avec un(e) camarade de classe

Imaginez que vous parlez à un(e) jeune Français(e) de votre âge. Il y a une liste de questions et une liste de réponses pour vous aider.

Quelques questions

1 Sais-tu nager?
2 Sais-tu nager le crawl?
3 Sais-tu plonger?
4 Sais-tu nager sur le dos?
5 Sais-tu nager sous l'eau?
6 Sais-tu danser?
7 Sais-tu jouer au poker?
8 Sais-tu conduire une mobylette?
9 Sais-tu faire la cuisine?

Quelques réponses

Oui, bien sûr.
Oui, très bien.
Oui, j'aime ça.
Oui, assez bien.
Non, pas du tout.
Pas très bien.
Oui, plus ou moins.
Non, je n'ai jamais essayé.

Mes vacances

Imaginez que vous passez quelques jours à St Gervais-les-Bains et que vous voulez prévenir votre famille de l'heure de votre retour. Regardez les horaires avant de compléter les phrases suivantes. N'oubliez pas que lorsque vous changez de gare à Paris, il faut compter une heure et quart pour faire le trajet, autrement vous risquez de manquer votre train. Ne prenez pas le métro si votre valise est lourde!

Copiez et complétez

Si je pars de St Gervais-les-Bains à ..., j'arriverai à Paris à ... Je prendrai (un autobus/un taxi/le métro) pour aller à (la gare du Nord/la gare St Lazare). Je resterai ... heures ... minutes à Paris. (J'aurai le temps/Je n'aurai pas le temps) de manger dans un restaurant. Je partirai de Paris à ... Je prendrai (le bateau/l'aéroglisseur). J'arriverai à Londres (Victoria/Charing Cross) à ...

How to read the timetables

Train times in bold figures (**1022**) indicate through services
Train times in light figures (1135) indicate connecting services

a Arrival times   **d** Departure times

🚢 Hovercraft services   ⛴ Shipping services

The train services shown in this publication should be used only for travel planning purposes. For current timings and information about reservations, catering, etc, please check with your travel agent, main British Rail stations and Travel Centres or French Railways.

Alps–Paris

Chamonix	2011						1529
St Gervais-les-Bains	2125	2207					1615
Sallanches–Combloux–Megève	2135	2217					1624
Cluses	2200	2234					1640
Annecy	2323	0010					1752
Aix-les-Bains	0019	0057					1839
Culoz	0040						1858
Grenoble			2312	0620	1132	1359	
Lyon–Perrache			0144	0811	1336	1540	
Bourg-en-Bresse	0141	0230					1951
Dijon	0316	0405					2105
Paris–Lyon	0704	0754	0650	1216	1852	1954	2333

Paris–London

	⛴	⛴	⛴	⛴	⛴	⛴
Paris–Nord	0652	0810	0905	1037		1100
Paris–St Lazare					1045	
London–Charing Cross	1240		1340			1540
London–Victoria		1417		1642	1846	

	⛴	⛴	⛴	⛴	⛴	⛴	⛴
Paris–Nord	1220	1300	1420	1425	1637	2235	
Paris–St Lazare							2236
London–Charing Cross		1743	1840		2140		
London–Victoria	1902			2117		0810	0657

Write and accept Yves' invitation, answering all his questions. Tell him to let you have the address and telephone number of the chalet and enquire whether you will be able to hire skis. Invite him to stay with you in the summer holidays and ask him about any sport which interests you.

Vocabulaire

ta gentille invitation   *your kind invitation*
je voudrais bien   *I should very much like*
le numéro de téléphone du chalet   *the phone number of the chalet*
l'adresse   *the address*
est-ce que je pourrai …?   *will I be able …?*
une moto japonaise   *a Japanese motorbike*
Papa t'invite à …   *Dad invites you to …*
mes parents t'invitent à …   *my parents invite you to …*
passer* une semaine   *to spend a week*
quinze jours   *a fortnight*
à la maison   *at our house*

Lille, le 12 novembre 19...

Cher/Chère ...,

Ta lettre est arrivée ce matin. Tu ne m'as pas dit pourquoi tu es au lit. J'espère que ce n'est pas grave. Comment vas-tu maintenant? Est-ce que tes amis viennent te voir? Quand vas-tu retourner au collège? Ecris-moi vite pour me donner de tes nouvelles.

Hier matin, j'ai commencé à travailler dans un magasin. La patronne est très gentille. L'autre employé aussi. Le travail n'est pas bien payé, mais il est intéressant. Cela me permet d'aider mes parents un peu et de faire des économies pour pouvoir m'acheter une moto. Combien coûtent-elles en Angleterre? Comment fais-tu pour aller au collège? Est-ce que tu pars très tôt le matin? En ce moment, je m'intéresse à la photo. Comment occupes-tu tes loisirs?

En espérant que tu seras bientôt en pleine forme,

Bien à toi,

Christophe.

A Répondez en anglais

1 When did Christophe start his new job?
2 What does he say about the people he is working with?
3 What comments does he make about the work?
4 What is he saving up for?
5 What other hobby does he have?

B Répondez en français

1 Combien d'argent de poche avez-vous?
2 Avez-vous un travail?
3 Avez-vous une moto?
4 A quelle heure partez-vous du collège?
5 A quelle heure rentrez-vous à la maison?

C Lisez les prix à haute voix

1	7F 75	5	9F 60	9	2 000F	13	540F
2	50F	6	11F 90	10	2 300F	14	26 700F
3	100F	7	65F 95	11	5 230F	15	44 900F
4	8F 80	8	113F 70	12	62 400F		

D Complétez à votre choix

1 Quand vas-tu ...?
2 Tu ne m'as pas dit pourquoi ...
3 Ta lettre est arrivée ...
4 Je fais des économies pour pouvoir ...
5 Est-ce que tu pars ...?

E Copiez la liste et soulignez les deux intrus

les roues
le rétroviseur
la selle
le moteur
la plaque d'immatriculation

la machine à coudre
les freins
la pellicule
les pneus
le guidon

35

Mes loisirs

MON PROFIL

Qu'est-ce qui vous intéresse? Faites une liste d'activités possibles pour vos loisirs et indiquez vos préférences. Voici la liste de Christophe pour vous donner des idées.

	Beaucoup	Assez	Un peu	Très peu	Pas du tout	Je ne sais pas
la lecture	✓					
la musique	✓					
la télévision		✓				
les échecs			✓			
la gymnastique	✓					
la marche			✓			
la natation			✓			
la cuisine		✓				
le ping-pong					✓	
la couture				✓		
le tricot						✓
le football		✓				
les voitures	✓					
la photo	✓					
la vidéo		✓				
le jardinage				✓		
la danse			✓			
le cyclisme		✓				
***						
***						

*** Si vous voulez, ajoutez d'autres sujets qui vous intéressent.

Mes projets

Copiez et complétez les phrases; vous avez une liste de verbes pour vous aider.

Samedi, je vais ... et ...
Dimanche, je vais ... et ...
Pendant la semaine, je vais ... et ...
Pendant les vacances, je vais ... et ...
Un jour, je vais ... et ...

Quelques verbes utiles

me lever *to get up* jouer *to play*
voir *to see* travailler *to work*
acheter *to buy* sortir *to go out*
aider *to help* faire des courses *to go shopping*
aller *to go* souper *to have supper*

F Demandez à votre professeur et à vos ami(e)s ce qui les intéresse

EXEMPLES: Madame (Mademoiselle/Monsieur), est-ce que la danse vous intéresse?
Mary, est-ce que les échecs t'intéressent?

Write a suitable reply to Christophe's letter. When you have answered all his questions, you could ask him some questions about his job and/or tell him about one you have. Mention something that you are going to do in the near future. Before you write, remember to look at the check-lists and the work you have already done.

Expressions à retenir

avoir la grippe *to have flu*
dans quel magasin travailles-tu? *in what shop do you work?*
quelles sont tes heures de travail? *what are your working hours?*
je tiens la caisse *I'm on the till*
je livre des journaux *I deliver newspapers*
je fais du baby-sitting *I do baby-sitting*
fatigant *tiring*
une moto neuve coûte *a new bike costs*
une moto d'occasion coûte *a second-hand bike costs*
environ *about*

8

Carnon, le 2 mars 19...

Cher/Chère ...,

J'arriverai à Heathrow, lundi 30 mars à
21 h 35, vol AF 355. Seras-tu à l'aéroport?
Est-ce qu'il fait froid en Angleterre à Pâques?
Que ferons-nous? Est-ce que j'aurai besoin de
mes chaussures de marche? Quand tu viendras
ici, en juillet, nous sortirons tous les jours.
Il y a beaucoup de distractions.

Connais-tu Boulogne? J'y suis allée en
février et il y avait beaucoup d'Anglais. Hier
soir, je suis sortie avec des amis.
Malheureusement, j'ai oublié l'heure et je suis
rentrée à minuit et quart. Papa et Maman
étaient inquiets et m'attendaient dans la salle
de séjour. Ils m'ont défendu de sortir samedi
prochain. Est-ce que tes parents sont sévères
aussi?

Nous sommes en pleine forme. Comment vas-tu?
Et ta famille?

En attendant le plaisir de te voir,

Jeanne

P.S. En cas d'urgence, veux-tu me donner ton
numéro de téléphone?

A Répondez en anglais

1 Why do you think Jeanne gives her flight number as well as her time of arrival?
2 When is her pen-friend coming to stay with her?
3 What does she say about Carnon?
4 What punishment has she been given?
5 Why?
6 What did she notice when she went to Boulogne?

B Répondez en français

1 Est-ce que vous sortez beaucoup?
2 Qu'avez-vous fait dimanche dernier?
3 Etes-vous allé(e) à une boum récemment?
4 A quelle heure devez-vous rentrer chez vous après une boum?
5 Avez-vous le téléphone?

C Complétez à votre choix

1 Tu auras besoin de (d') ...
2 Maman m'a défendu de (d') ...
3 Mes amis étaient ...
4 J'arriverai ...
5 Je serai ...

D Ecrivez au futur

1 attendre* à la sortie de la douane: Je t' ...   Nous t' ...
   (to wait at the exit to customs)
2 prêter* une bicyclette: Je te ... Maman te ...
   (to lend a bicycle)
3 aller te chercher: Nous ...
   (to meet you)
4 être contents de te voir: Nous ...
   (to be pleased to see you)
5 faire des promenades à pied: Nous ...
   (to go for walks)
6 voir le château de Windsor: Tu ...
   (to see Windsor castle)

E Travaillez avec un(e) ami(e)

Imaginez que vous parlez à un(e) jeune Français(e) de votre âge. Il y a une liste de questions et une liste de réponses pour vous aider.

Vas-tu ...

en Espagne?	aux Etats-Unis?
au spectacle?	à Londres?
à la pharmacie?	à la plage?
dans les magasins?	chez le coiffeur?
aux sports d'hiver?	dans le Cheshire?
chez tes amis?	à l'aéroport?
au bureau de renseignements?	à la bibliothèque?
à Paris?	

Non, je n'y vais pas
Non, je n'y vais jamais
Oui, j'y vais ...

demain	mardi après-midi
chaque année	pendant les grandes vacances
lundi prochain	samedi matin
tous les jours	au printemps
à cinq heures	à Noël
de temps en temps	après-demain
la semaine prochaine	dans quelques minutes
au mois de décembre	à Pâques
cet été	aujourd'hui

F Posez les mêmes questions à votre professeur

Attention! N'oubliez pas de lui dire **vous**.

G Travaillez avec un(e) ami(e)

Imaginez que vous êtes chez Jeanne et que vous regardez le programme des festivités ensemble.

EXEMPLE: VOUS J'aimerais voir un feu d'artifice.
          JEANNE Si tu veux, samedi soir, on partira un peu avant onze heures et on ira au feu d'artifice sur la plage.

1   VOUS Je m'intéresse aux monuments historiques.
    JEANNE Si tu veux, ... matin, on partira vers ... heures et on ira au ...

2   VOUS J'aime bien danser.
    JEANNE Si tu veux, ... soir, on partira vers ... heures et on ira au ...

40

3	VOUS	J'aime bien la musique.
	JEANNE	Si tu veux, ... soir, on partira un peu avant ... et on ira ...
4	VOUS	J'aime bien les films.
	JEANNE	Si tu veux, ... soir, on partira un peu avant ... heures et on ira au ...
5	VOUS	Je m'intéresse aux boules.
	JEANNE	Si tu veux, ... matin, on partira vers ... et on ira ...
6	VOUS	J'aimerais jouer au volley.
	JEANNE	Si tu veux, ... après-midi, on partira vers ... heures et on ira ...

PROGRAMME DES FESTIVITÉS

JUILLET

DIMANCHE 8	9 h	Cars du Midi. Excursion au Château de Grignan. Départ: Syndicat d'Initiative
LUNDI 9	10 h	Concours de pétanque. Place du Marché
MARDI 10	21 h	Cinéma 'Le Club'. L'As des As' avec Jean-Paul Belmondo
MERCREDI 11	14 h	Jeux sur la plage en face de L'Hôtel de France
JEUDI 12	20 h	Concert de jazz par l'Orchestre Mississippi dans les jardins de la Mairie
VENDREDI 13	22 h	Bal devant le Bar Restaurant 'Le Soleil'
SAMEDI 14	23 h	Feu d'artifice sur la plage

Answer Jeanne's letter, making sure you reply to all her questions. Say something about what you could do when she comes to England. Ask her if she has been to London. Don't forget to look for help in the check-lists and the exercises you have just done.

Expressions à retenir

apporte *bring*
aimerais-tu ...? *would you like?*
ils me donnent beaucoup de liberté *they give me lots of freedom*
il peut faire froid *it can be cold*
on ne sait jamais *you never know*
es-tu déjà allé(e) ...? *have you ever been ...?*

Tours, le 1er mai 19...

Cher/Chère ...,

Merci pour le disque que j'ai reçu hier. Il me plaît beaucoup. Comment savais-tu que j'aimais Michael Jackson? Je voudrais t'envoyer quelque chose. Qu'est-ce que tu préfères, un disque ou une cassette?

En mars, mes parents ont acheté une caravane. Nous avons donc passé les vacances de Pâques en Bretagne et nous sommes restés quelques jours dans un joli camping, non loin de Dinard. Il a fait très beau et nous avons pu faire des promenades dans la région. Le dernier jour, Papa a loué un bateau. J'ai beaucoup aimé ça! Qu'as-tu fait à Pâques? A-t-il fait beau en Angleterre aussi? Es-tu resté(e) chez toi ou bien es-tu parti(e)?

Tu as eu de la chance de trouver du travail dans une quincaillerie le samedi. Où se trouve le magasin et à quelle heure ouvre-t-il? Que vas-tu faire de l'argent que tu gagnes?

Amicalement,

Marie - Thérèse

A Répondez en anglais

1 Why is Marie-Thérèse pleased?
2 In what part of France did she and her family stay?
3 What kind of accommodation did they have?
4 What was the weather like?
5 What did this enable them to do?

B Répondez en français

1 Avez-vous des cassettes ou des disques?
2 Est-ce que vos parents ont une caravane?
3 Nommez quelques villes françaises.
4 La Bretagne est une région de France. Pouvez-vous nommer d'autres régions?
5 A quelle heure est-ce que les magasins ouvrent dans votre quartier?

C Travaillez avec un(e) ami(e)

Imaginez que vous parlez à un(e) jeune Français(e) de votre âge. Il y a une liste de questions et une liste de réponses pour vous aider.

Questions

Es-tu déjà allé(e) ...

en Bretagne?
dans un camping?
à Manchester?
dans un bowling?
à Londres?
en Ecosse?
dans un hypermarché?
dans le Kent?

Réponses possibles

Non, jamais.
Une fois, seulement.
Deux ou trois fois.
Oui, souvent.
Oui, assez souvent.
Oui, plusieurs fois.

D Complétez à votre choix

1 J'espère que ...

   tu pourras ...
   tu viendras ...
   tu accepteras ...
   tu aimeras ...
   tu passeras ...

2 Je vais ...

   acheter ...
   voir ...
   donner ...
   aller ...
   partir ...

3 J'ai joué ...   J'ai fait ...   J'ai travaillé ...
   J'ai vu ...   Je suis allé(e) voir ...   Je suis allé(e) ...

E Imaginez que ...

Vous allez faire du camping en France pendant une semaine. Faites les menus pour les deux premiers jours.

EXEMPLE: **Petit déjeuner:** œufs à la coque, pain, beurre, confiture d'oranges
Déjeuner: jambon, fromage, petits pains, fruits
Souper: pamplemousse, saucisses, pommes de terre frites, salade de tomates, yaourt

Le temps

Températures

- Première colonne : temps, à 13 heures, le 4 décembre (S : soleil ; N : nuageux ; C : couvert ; P : pluie ; A : averse ; O : orage ; B : brouillard ; * : neige).
- Deuxième colonne : température à 7 heures, le 4 décembre.
- Troisième colonne : température à 13 heures, le 4 décembre.

Ajaccio	S	1	10	Pau	C	−1	4	Eilat	C	17	26
Biarritz	A	3	6	Perpignan	C	5	7	Genève	*	−3	−2
Bordeaux	C	0	6	Rennes	A	4	7	Helsinki	*	−7	−8
Brest	N	5	8	Rouen	A	2	5	Istanbul	A	12	14
Cherbourg	C	5	7	St-Etienne	*	−1	0	Las Palmas	S	14	21
Clermont-F.	C	0	1	Strasbourg	*	−3	2	Le Caire	N	19	27
Dijon	C	−1	2	Toulouse	C	1	3	Lisbonne	S	4	8
Dinard	N	6	8	Tours	P	2	5	Londres	S	4	7
Embrun	S	−1	3					Madère	C	17	18
Grenoble	*	−3	−1	Alger	N	8	12	Madrid	S	−4	6
La Rochelle	C	5	7	Athènes	S	12	18	Milan	N	−1	7
Lille	C	1	5	Barcelone	N	3	7	Moscou	*	−7	−6
Limoges	C	−1	0	Berlin	C	−6	−5	Oslo	S	−3	−4
Lorient	S	3	8	Beyrouth	N	19	32	Palma Maj.	N	1	11
Lyon	*	−2	0	Bonn	*	0	2	Rhodes	S	19	18
Marseille	S	3	5	Bruxelles	A	2	3	Rome	C	4	5
Nancy	*	0	1	Casablanca	N	4	16	Séville	S	0	11
Nantes	N	1	5	Copenhague	C	−4	−3	Stockholm	*	−11	−5
Nice	S	3	9	Dakar	C	23	26	Téhéran	−	−	−
Paris	N	3	5	Djerba	N	10	13	Tunis	N	9	13

1   Quel temps a-t-il fait à Londres?
2   Quel temps a-t-il fait à Lyon?
3   Quel temps a-t-il fait à Tours?
4   Quel temps a-t-il fait à Rouen?
5   A-t-il plu à Biarritz?
6   Dans quelles villes de France a-t-il fait du soleil?
7   Dans quelles villes a-t-il neigé?
8   Quelle température faisait-il à Paris à sept heures du matin?
9   Quelle température faisait-il à Moscou à cette heure-là?
10 Dans quelle ville a-t-il fait le plus froid?
11 Dans quelle ville a-t-il fait le plus chaud?
12 A-t-il fait plus chaud à Londres qu'à Paris?
13 A-t-il fait moins froid à Nice qu'à Cherbourg?
14 A-t-il fait du brouillard à Londres?
15 A-t-il neigé à Strasbourg?

Reply to Marie-Thérèse's letter. Tell her that your parents/your mother/your father invite her to spend a fortnight in England and suggest suitable dates. Ask her some questions about French teenagers having jobs, for example, what they do, how much they earn, and so on. You could also ask her about camping in France. Don't forget to get as much help as you can from the check-lists.

Mots et expressions utiles

un poster   *a poster*
dans ta chambre   *in your bedroom*
tu m'as dit que   *you told me (that)*
j'aimerais avoir   *I should like to have*
les jeunes Français   *French teenagers*
mes parents t'invitent à passer   *my parents invite you to spend*
du 1ᵉʳ au 15 août   *from the 1st to the 15th August*

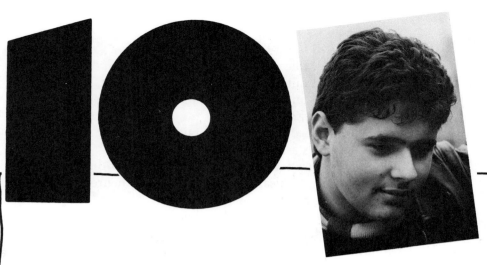

Nantes, le 6 mai 19...

Cher/Chère ...,

Ta lettre est arrivée ce matin. J'ai été heureux de la recevoir, car j'avais perdu ton adresse!

Quand tu es allé(e) à Paris, es-tu monté(e) à la Tour Eiffel? As-tu mangé dans un bon restaurant? Raconte-moi tout ce que tu as fait.

Cet été, je vais en Angleterre avec des amis. Nous allons passer deux nuits dans une auberge de jeunesse qui n'est pas loin de chez toi et j'aimerais te voir si c'est possible. Décris-moi la ville où tu habites. Qu'y a-t-il comme distractions? Y a-t-il des monuments historiques à visiter? Crois-tu qu'il fera beau en août? Est-ce que j'aurai besoin de mon imperméable?

Nous allons bien. Comment vont ton père et tes frères? Excuse-moi. Je termine maintenant, car j'ai beaucoup de devoirs à faire ce soir.

Bien à toi,

Jean

A Répondez en anglais

1 When did Jean receive his friend's letter?
2 Why was he particularly pleased to have it?
3 When is he coming to England?
4 Where will he stay and for how long?
5 What reason does he give for not writing at length?

B Répondez en français

1 Etes-vous déjà allé(e) à Paris?
2 Avez-vous beaucoup de devoirs à faire ce soir?
3 Y a-t-il une auberge de jeunesse dans votre ville?
4 Avez-vous déjà passé des vacances à Londres?
5 Croyez-vous qu'il fera beau demain?

C Pouvez-vous dire ces numéros de téléphone en français?

EXEMPLE: (1) 710.20.31 – un. sept cent dix. vingt. trente et un

(1) 723.61.72	(91) 48.23.70	(43) 89.14.79	(4) 455.59.96
(6) 022.27.70	(88) 82.16.30	(46) 47.41.03	(3) 498.61.83
(7) 800.30.13	(35) 71.41.77	(73) 51.60.12	(1) 207.06.75

D Copiez et complétez par le nom d'une ville, d'une région ou d'un pays étranger

1 Hier, je suis allé(e) ...
2 Lundi dernier, tu es allé(e) ...
3 La semaine dernière, ma sœur est partie ...
4 Avant-hier, Maman et moi sommes arrivé(e)s ...
5 L'année dernière, vous êtes allé(e)(s) ...
6 Il y a un mois, mes amis sont partis ...

E Mettez au futur

1 Avoir besoin d'un gros tricot: Tu ...
   (to *need a thick jumper*)
2 te montrer* la cathédrale: Je te ...
   (to *show you the cathedral*)
3 être à la maison en août: Je ...
   (to *be at home in August*)
4 voir notre nouvelle maison: Tu ...
   (to *see our new house*)
5 te donner* une carte de la région: Je te ...
   (to *give you a map of the district*)
6 t'inviter* à déjeuner: Je t' ...
   (to *invite you to lunch/midday dinner*)
7 aller à un match de cricket: Nous ...
   (to *go to a cricket match*)
8 venir chez moi: Tu ...
   (to *come to my house*)
9 passer* une journée ensemble: Nous ...
   (to *spend a day together*)
10 te téléphoner*:   Je te ...
   (to *telephone you*)

F Complétez à votre choix

1 Je voudrais ...
2 Donne-moi ...
3 J'ai vu ...
4 Veux-tu ...
5 On peut ...

G Travaillez avec un(e) ami(e)

Aimes-tu ...

Questions

le miel?   les crevettes?
le bœuf?   le pâté?
le veau?   les moules?
le porc?   les escargots?
le poulet?   les cuisses de grenouilles?
le poisson?   le steak?
les frites?   les crudités?
les glaces au moka?   le calvados?

J'aime ça. *I like it (them).*
Je n'aime pas ça. *I don't like it (them).*
J'aime bien ça. *I like it (them) very much.*
J'adore ça! *I love it (them)!*
Oui, assez. *I quite like it (them).*
Pas tellement. *Not very much.*
Je déteste ça! *I hate it (them)!*
Je ne sais pas. *I don't know.*
Je n'en ai jamais mangé. *I have never eaten it (any).*
Je n'en ai jamais bu. *I have never drunk it (any).*

H Imaginez que ...

Vous avez perdu votre valise en France. Faites-en une description, en utilisant le vocabulaire suivant.

Couleur ... (Voir page 75)

Taille ... (grande, petite, moyenne)

Etat ... (neuf, vieux, assez neuf, etc.)

Contenu

... robe (s)
... pantalon(s)
... tricot(s)
... collant(s)
... maillot(s) de bain
du linge

... pyjama(s)/chemise(s) de nuit
... paire(s) de pantoufles
... chemisier(s)/chemise(s)
... tee-shirt(s)
des articles de toilette
***
... .

*** Complétez à votre choix

Thank Jean for his letter and answer all his questions. Tell him to give you the dates of his holiday and the telephone number of the youth hostel. You might like to invite him to your house, or to suggest that you meet somewhere else. Don't forget to refer to the exercises you have just done and to have a look at the check-lists.

Choses à savoir

Notre-Dame *the cathedral of Paris*
les Champs-Elysées *a famous street in Paris*
le Louvre *a famous museum*
le numéro de téléphone *the telephone number*
les dates de tes vacances *your holiday dates*
un bowling *a bowling alley*
un club de jeunes *a youth club*
je suis content(e) de savoir que *I am glad to know (that)*
apporte *bring*

Quimper, le 20 mai 19...

Cher/Chère ... ,

　　Merci pour ta lettre du trente avril. Je suis désolée de savoir que ton père a eu un accident. Qu'est-ce qui s'est passé? Combien de temps va-t-il rester à l'hôpital? Est-ce que ta mère s'occupe toute seule de la station-service, alors?

　　Samedi soir, je suis sortie avec Thérèse. On a dansé et on s'est bien amusé. Aimes-tu sortir? As-tu beaucoup d'amis? En ce moment, j'ai très peu de temps libre, car nos professeurs nous donnent beaucoup de travail. En août, j'irai dans le Midi avec mes parents. Quels sont tes projets de vacances? Vas-tu chez tes amis de Leeds? Le mois dernier, mes parents m'ont donné un petit chien. Il est mignon, mais pas très sage! As-tu des animaux chez toi?

　　Je te quitte. Maman a dit que je dois laver la voiture!

Amitiés,

Claudine

A Répondez en anglais

1 What did Claudine do on Saturday?
2 Why is she busy?
3 What are her holiday plans?
4 When did her parents give her a dog?
5 What does she say about him?

B Répondez en français

1 Etes-vous allé(e) à l'hôpital récemment?
2 Est-ce que vos professeurs vous donnent beaucoup de travail?
3 Est-ce que vos parents vous donnent de l'argent de poche?
4 Avez-vous beaucoup de temps libre?
5 Que faites-vous quand vous êtes libre?

C Travaillez avec un(e) ami(e)

As-tu ...

Questions

un chien?
un chat?
une mobylette?
un radio-réveil?
des poissons rouges?
des cassettes?
un maillot de bain?
une bicyclette?
une moto?
des posters dans ta chambre?
des disques?
un ordinateur?
un magnétophone à cassettes?
une calculatrice de poche?

Réponses possibles

Oui, j'en ai un(e), deux, etc.
Non, je n'en ai pas.
J'en ai quelques-un(e)s.
J'en ai plusieurs.
J'en ai beaucoup.

D Complétez à votre choix

1 Combien de temps vas-tu ...?
2 Je suis désolé(e) d'apprendre que ...
3 J'ai l'intention de ...
4 En ce moment ...
5 Papa et Maman disent que ...

E Ecrivez au passé composé

1   voir l'abbaye de Westminster: J' ...
    (to see Westminster Abbey)
2   aller⁺ dans les grands magasins: Nous ...
    (to go to the big stores)
3   visiter* la Tour de Londres: Nous ...
    (to visit the Tower of London)
4   faire une promenade en bateau sur la Tamise: Mes amis et moi ...
    (to go for a boat ride on the Thames)
5   pique-niquer* dans Hyde Park: Nous ...
    (to picnic in Hyde Park)
6   tomber*⁺ d'une échelle: Il ...
    (to fall off a ladder)
7   heurter* un camion: La voiture ...
    (to bump into a lorry)
8   se casser*⁺ la jambe: Il ...
    (to break his/her leg)

Write a suitable reply to Claudine's letter. Answer all her questions and ask how long she will be spending in the South of France. Tell her you spent a day in London, or some other city you know, and say what you did. Ask the name and age of her dog.

Mots à savoir

lorsque   *when*
il lavait les vitres   *he was cleaning the windows*
en allant à   *while going to*
un voisin, une voisine   *a neighbour*
il nous aide   *he is helping us*
ils nous aident   *they are helping us*
nous ne partons pas   *we aren't going away*
cette année   *this year*
passer* une journée   *to spend a day*
quel âge a ...?   *how old is ...?*

ETES·VOUS TIMIDE?

Répondez **oui** ou **non** aux questions suivantes.

1 Quand vous achetez vos vêtements, est-ce que vous préférez toujours avoir l'avis de vos amis?

2 Est-ce que vous rougissez quelquefois?

3 Est-ce que vous dites toujours ce que vous pensez?

4 Etes-vous sûr(e) de vous quand vous rencontrez des gens pour la première fois?

5 Avez-vous toujours les mêmes opinions que vos amis?

6 Est-ce que vous sortez seul(e) quelquefois?

7 Est-ce que vous regardez les films d'épouvante quand vous êtes seul(e)?

8 Est-ce que vous souriez facilement à des gens que vous ne connaissez pas?

Comptez vos points

Si vous avez répondu **oui** aux numéros 1, 2, et 5, comptez un point chaque fois.

Si vous avez répondu **non** aux questions 3, 4, 6, 7 et 8, comptez un point chaque fois.

Résultats	
8 points	Vous avez peur de tout!
6 ou 7 points	Vous êtes peut-être un peu timide.
3 à 5 points	Ça va. Vous avez confiance en vous.
1 ou 2 points	Vous êtes très sûr(e) de vous.
0 point:	Attention! Vous êtes peut-être un peu arrogant(e).

Toulouse, le 8 juillet 19...

Cher/Chère ...,

Voilà trois mois que je n'ai pas de tes
nouvelles. Que deviens-tu? J'espère que tu n'es
pas malade. As-tu passé les vacances de Pâques
chez tes grands-parents? Quand auras-tu les
résultats de ton examen?

En ce moment, je sors beaucoup avec mes amis.
Nous allons souvent à la plage et nous faisons
des promenades à pied et à bicyclette.
Quelquefois, le soir, nous allons à la Maison
des Jeunes. Où vas-tu quand tu sors avec tes
amis? Récemment, ma sœur et moi avons aidé
Maman à repeindre l'appartement. C'était du
travail! Est-ce que tu aides beaucoup chez toi?
Je voulais peindre ma chambre en rouge, mais Maman
n'était pas d'accord. As-tu une chambre à toi
tout(e) seul(e)?

Ecris-moi quand tu auras le temps!

Amicalement

Nathalie.

A Répondez en anglais

1 Why is Nathalie anxious about her pen-friend?
2 Where does she sometimes go in the evenings?
3 What did she and her sister do to help their mother?
4 Was it fun?
5 What did her mother refuse to allow Nathalie to do?

B Répondez en français

1 Est-ce que vous écrivez souvent à vos amis?
2 Avez-vous un correspondant ou une correspondante français(e)?
3 Est-ce que vous passez un examen cette année?
4 Etes-vous toujours d'accord avec vos parents?
5 Y a-t-il un club pour les jeunes dans votre ville?

C Posez les mêmes questions à un(e) ami(e)

Attention! N'oubliez pas de lui dire **tu**.

D Complétez à votre choix

1 J'espère que ...
2 J'ai passé ...
3 As-tu l'intention de ...?
4 En ce moment, ...
5 J'ai aidé Papa à ...
6 J'aurai ...

E Ecrivez au passé composé

1 partir⁺ en vacances: Je ne ...
   (to go away on holiday)
2 passer* huit jours chez ma tante: J' ...
   (to spend a week at my aunt's)
3 perdre* ton adresse: J' ...
   (to lose your address)
4 être occupé(e):   J' ...
   (to be busy)
5 faire du camping: J' ...
   (to go camping)

F Ecrivez au présent

1. aller dans un centre sportif: Nous ...
   (to go to a sports centre)
2. se rencontrer* au centre ville: On se ...
   (to meet in the centre of the town)
3. laver* la voiture de mes parents: Je ...
   (to wash my parents' car)
4. faire les achats: Je ...
   (to go shopping)
5. partager* ma chambre avec mon frère/ma sœur: Je ...
   (to share my bedroom with my brother/sister)
6. bricoler*:   Je ...
   (to do odd jobs)
7. jardiner* un peu: Je ...
   (to do a little gardening)

Ma chambre

MON PROFIL

Décrivez votre chambre ou la chambre que vous aimeriez avoir.

Ma chambre donne sur ...
 une rue
 un jardin
 des garages
 une cour
 des magasins

Elle est ...
 grande
 petite
 confortable
 claire
 ensoleillée
 jolie
 en désordre
 sombre

Il y a ...
J'ai aussi ...
Aux murs, il y a ...

Par terre, il y a ...
Devant la fenêtre, il y a ...
A côté de mon lit, j'ai ...

un lit	une chaîne hi-fi	un placard
une chaise	une cheminée	une armoire
un fauteuil	un radiateur	une coiffeuse
un coussin	une commode	une lampe
une étagère	un poster	un radiateur électrique
des rideaux	un transistor	une table de nuit
du papier peint	une photo	un radio-réveil
de la moquette	des bibelots	un radio-cassette

G Imaginez que ...

Vous êtes chez votre correspondant(e) et vous essayez de comprendre la conversation. Pouvez-vous mettre ces questions et ces réponses ensemble? Méfiez-vous. Ce n'est pas facile. Il y a plus de réponses que de questions.

 **Questions**

 **Réponses**

1 Quand vous êtes allé à Paris, avez-vous visité le Louvre?

2 Que faisiez-vous hier, à midi et demi?

3 Pourquoi es-tu allé en ville cet après-midi?

4 Pourquoi ne vouliez-vous pas sortir lundi?

5 Où étaient tes amis?

6 Quand tu allais en Normandie avec tes parents, est-ce que vous preniez le train?

7 Qu'est-ce qu'il y avait dans le sac que tu as perdu?

8 Qu'est-ce que tu mangeais quand tu allais au restaurant avec tes amis de Marseille?

Oui, elle était ouverte jusqu'à six heures.

1 Non, il était fermé ce jour-là.

2 Je dînais.

Je déjeunais.

4 Il pleuvait à verse.

3 Je voulais acheter des chaussures.

Nous étions contents.

5 Ils étaient chez eux.

7 Je prenais toujours de la bouillabaisse.

6 Non, nous prenions le car.

7 Il y avait des vêtements et des cadeaux.

Write a suitable reply to Nathalie's letter. Ask if she intends to come to England this year and say you would like to meet her. Make sure you answer all her questions.

Expressions à savoir

je ne t'ai pas écrit parce que ...   *I didn't write to you because*
quand j'ai assez d'argent   *when I have enough money*
ça coûte cher   *it is expensive*
j'aimerais te voir   *I should like to see you*
avoir l'intention de   *to intend to*
quand il fait beau   *when it's fine*

13

Arcachon, le 15 juillet 19...

Cher/Chère ...,

Nous passons une semaine sur la Côte
Atlantique et il fait très chaud. Quel temps
fait-il en Angleterre? Notre hôtel est à cinq
minutes de la plage et je me baigne plusieurs
fois par jour. Aimes-tu nager? Ici, il y a
beaucoup de jeunes et le soir on va danser en
plein air. Puisque je suis en vacances, mes
parents me laissent rentrer à minuit et, bien
sûr, je ne me lève jamais avant midi! Quand tu
sors le soir, à quelle heure dois-tu rentrer chez
toi?

Tu m'as dit que tu allais rencontrer Mary et
Paul. Comment vont-ils? Qu'avez-vous fait
ensemble? En août, je vais travailler dans
le café de mon oncle parce que j'ai besoin
d'argent! Combien de semaines de vacances as-tu?
Quels sont tes projets?

Je te quitte. Je vais sortir avec Frédéric.

Profite bien de tes vacances!

Danielle

A Répondez en anglais

1 How long is Danielle staying on the Atlantic coast?
2 How is she spending her time in Arcachon?
3 Why do her parents allow her to come in later than usual?
4 What reason does she give for not writing more?
5 How does she end her letter?

B Complétez à votre choix

1 Le soir, on ...
2 Nous passons huit jours ...
3 Tu m'as dit que ...

4 Mes parents me laissent ...
5 Je ... plusieurs fois par mois.

C Ecrivez au futur

1 aller à Arcachon en juillet: Je n'...
2 sortir tous les jours avec mes amis: Je ...
3 passer* le week-end du 5/7 septembre chez ma tante: Nous ...
4 faire des promenades à la campagne: Nous ...
5 venir à la maison: Mon ami(e) ...
6 partir en vacances cet été: Je ne ...

MON PROFIL

A chacun ses habitudes!

EXEMPLES: Pierre n'a que six ans. Il ne va jamais dans les discothèques.
Papa et Maman n'aiment pas la musique pop. Ils n'écoutent jamais le hit-parade.

Et vous? Copiez et complétez les phrases suivantes.

1 Je ne suis jamais allé(e) ...
2 Je n'achète jamais de ...
3 Je ne regarde jamais ... à la télévision.
4 Je n'ai jamais mangé de ...
5 Je n'ai jamais bu de ...
6 Quand il fait chaud, je ne porte jamais de ...
7 Le week-end, je ne me lève jamais avant ...
8 Le samedi soir, je ne me couche jamais avant ...
9 Je n'ai jamais vu ...
10 Je n'ai jamais rencontré ...

D Travaillez avec un(e) ami(e)

Imaginez que vous parlez à un(e) jeune français(e) de votre âge. Posez les questions suivantes et choisissez vos réponses dans la liste ci-dessous. (Consultez, aussi, la liste à la page 78.)

Aimes-tu ...

te baigner?	jouer aux cartes?	écouter des disques?
aller au cinéma?	faire des promenades?	faire du sport?
danser?	faire du bateau?	

J'adore ça en été.   *I love it in summer.*
Oui, j'aime assez ça.   *Yes, I quite like it.*
Pas tellement.   *Not very much.*
J'ai horreur de ça!   Je déteste ça!   *I hate it!*
Oui, tous les jours.   *Yes, every day.*
Le week-end seulement.   *Only at weekends.*
J'aime bien de temps en temps.   *I like to now and then.*
Oui, cela m'intéresse.   *Yes, it interests me.*
Non, cela ne m'intéresse pas.   *No, it doesn't interest me.*
Oui, cela me plaît.   *Yes, I like it.*
Non, cela ne me plaît pas.   *No, I don't like it.*

E Posez des questions à votre professeur

Attention! N'oubliez pas de lui dire **vous**.

Aimeriez-vous aller à Arcachon?

Imaginez que vous avez l'intention de passer des vacances en France avec des amis ou avec votre famille. Le Syndicat d'Initiative de la ville d'Arcachon vous a envoyé une brochure. Lisez les renseignements suivants avant de répondre aux questions en face.

Arcachon Station balnéaire sur la côte Atlantique. Plage de sable.

Sports

Tennis, rugby, football, volley, basket, cyclisme, judo, escrime, boules, golf, ski nautique, planche à voile, plongée, tir à l'arc, randonnées en forêt, port de plaisance, aéro-club.

Distractions

Casino, cinémas, cabarets, dancings, expositions, concours de natation, régates, concerts.

Visites et excursions

Musée, aquarium, chapelle des marins, vignobles.

Répondez oralement

A votre avis, est-ce que la ville d'Arcachon est une ville agréable ...

1 Pour ceux qui sont sportifs? Pourquoi?
2 Pour ceux qui veulent passer des vacances sur un yacht? Pourquoi?
3 Pour ceux qui aiment sortir le soir? Pourquoi?
4 Pour ceux qui s'intéressent à la pêche? Pourquoi?
5 Pour les jeunes? Pourquoi?
6 Pour ceux qui veulent faire du parachutisme? Pourquoi?
7 Pour ceux qui veulent faire de l'alpinisme? Pourquoi?
8 Pour ceux qui aiment l'histoire: les villas romaines, les châteaux, les vieilles rues, les églises anciennes? Pourquoi?
9 Pour ceux qui aiment se baigner? Pourquoi?
10 Pour ceux qui s'intéressent au bateaux? Pourquoi?
11 Pour ceux qui aiment jouer à la roulette? Pourquoi?
12 Pour ceux qui aiment le calme et la solitude? Pourquoi?
13 Pour ceux qui aiment faire des promenades à pied? Pourquoi?
14 Pour les familles? Pourquoi?

Answer Danielle's letter. Ask if she has been to Royan. Say you would like to spend a holiday on the Atlantic coast next year and ask her to send you a map and some leaflets. You might also like to ask her about some of the places mentioned in the brochure and/or to enquire about her uncle's café. In addition to using the vocabulary below, don't forget to refer to the check-lists and the vocabulary in the practice exercises.

Mots utiles

j'aimerais   *I should like*
veux-tu m'envoyer ...?   *will you send me ...?*
pourrais-tu ...?   *could you ...?*
une carte   *a map*
cinq semaines de vacances   *five weeks holiday*
devoir   *to have to*
je ne peux pas   *I can't*
coucher* dans une auberge de jeunesse   *to sleep in a youth hostel*

14

Avignon, le 20 juillet 19...

Cher/Chère ...,

Tu m'as dit que tu allais passer des vacances chez ton oncle et ta tante, dans leur ferme. Est-ce que tout s'est bien passé? Qu'est-ce que tu as fait?

Quand tu viendras en France, nous ferons du camping non loin de Cavaillon. Mon ami Frédéric nous prêtera deux tentes. Maman nous donnera de quoi faire la cuisine. Est-ce que cela t'intéresse? Je t'envoie un prospectus pour te donner quelques renseignements.

Nous allons chez grand-mère à la fin du mois. Je regrette beaucoup, mais nous ne serons pas de retour avant le 18 août. Pourrais-tu venir le 19 au lieu du 18? Nous aimerions savoir si tu peux rester jusqu'au 30 août.

En attendant le plaisir de te voir,

Amitiés,

Joël

A Répondez en anglais

1 Why does Joël apologise?
2 How long does he ask his friend to stay?
3 How will he get hold of some tents?
4 How will his mother help?
5 Where does he want to go camping?

B Répondez en français

1 Qu'est-ce que Joël veut faire?
2 Qu'est-ce que son ami Frédéric lui prêtera?
3 Avez-vous une tente?
4 Où serez-vous en juillet?
5 Est-ce que vous aimez faire du camping?

C Complétez à votre choix

1 J'ai passé de bonnes vacances ...
2 J'ai aidé ma mère à ...
3 Je pourrai ...
4 Je serai libre ...
5 Est-ce que je devrais emporter ...?
6 J'aimerais savoir si (s') ...?

D Imaginez que ...

Vous allez faire du camping en France pendant une semaine. Faites une liste de vingt choses que vous devriez emporter.

EXEMPLES: *une lampe électrique.*
un réchaud à gaz.
une trousse de secours.

E Ecrivez au passé composé

1 ranger* le grenier: J'...
   (to tidy the loft)
2 réparer* le vélo de ma tante: J'...
   (to mend my aunt's bicycle)
3 cueillir* des fraises: Nous ...
   (to pick strawberries)
4 se lever*+ très tôt: On ...
   (to get up early)
5 faire un peu de cuisine: Mon frère et moi ...
   (to do a little cooking)

F Complétez les questions à votre choix et posez-les à un(e) ami(e)

1 Est-ce que tu pourras ...?
2 Est-ce que nous irons ...?
3 Est-ce que nous verrons ...?
4 Est-ce qu'il y aura ...?
5 Est-ce que nous ferons ...?

Cavaillon (Vaucluse) 84300

Camping municipal «Le Bon Melon»
Tél. (90) 71.11.78
Ouvert en permanence

Accès

Carte Michelin 81. Situé au sud de Cavaillon à 1,5km de l'autoroute A.7, et à 2km du centre ville.

450 personnes. 150 emplacements avec électricité et eau. Douches chaudes gratuites, lavabos en cabines, W.-C., bacs à linge et à vaisselle.

Tarifs (Par journée)

Par emplacement F10,00
Par adulte F14,50
Par enfant (moins de 7 ans) F10,00

Commerce et loisirs

De Pâques au 15 octobre, vous trouverez sur place les services suivants: magasin d'alimentation, snack bar, tabac journaux et restaurant. Sur le camping même: terrains de boules et de volley. A proximité immédiate du camping: piscines et courts de tennis. (Prix réduits pour les campeurs.)

Quelques explications

 Bien ensoleillé

Vaucluse   le nom du département

8430   le code postal

Avez-vous compris le prospectus?

Répondez oralement

1   Est-ce que 'Le Bon Melon' est un camping à cinq étoiles?
2   Où se trouve-t-il?
3   Quel est le numéro de téléphone du camping?
4   Quel est le code postal de Cavaillon?
5   Est-ce que le camping est ouvert en mai?
6   Quels sont les sports que les campeurs peuvent facilement pratiquer?
7   Ont-ils la possibilité de faire la lessive?
8   Lorsqu'ils prennent une douche, y a-t-il un supplément à payer?
9   Est-ce que les piscines sont gratuites pour les campeurs?
10   Est-ce qu'elles sont très loin du camping?
11   A quelle distance se trouve l'autoroute?
12   Y a-t-il beaucoup de soleil sur le camping?
13   Est-ce que le restaurant est ouvert toute l'année?
14   Combien coûte un séjour de trois jours pour deux jeunes de dix-huit ans?

Reply to Joël's letter. Say you like camping and enquire whether you should bring a sleeping bag. You may need to ask him some other questions about the holiday. Give your time of arrival at Avignon and ask if he will be able to meet you at the station.

Expressions utiles

pourrais-tu ...?   *could you ...?*
je voudrais bien   *I should very much like (to)*
un sac de couchage   *a sleeping bag*
venir me chercher   *to (come to) meet me*
si cela ne te dérange pas   *if it doesn't put you out*
la gare   *the station*
faire des promenades à bicyclette   *to go for cycle rides*

HOTEL*ᴺᴺPENSION
LA MANDARINETTE
Tél. 39.84.27 - 39.91.22

A 5 minutes à pied de la mer et du centre

Ouvert du 1ᵉʳ février au 30 septembre

	Par Jour	du 1ᵉʳ fév. au 30 juin et du 16 sept. au 30 sept.		du 1ᵉʳ juillet au 15 septembre	
		1 Personne	2 Personnes	1 Personne	2 Personnes
Chambre, lavabo, bidet, 1 lit à 2 personnes Vin et T.T. compris	PENSION COMPLETE	155	230	185	280
	DEMI-PENSION	135	190	165	240
Chambre, douche 1 lit à 2 personnes Vin et T.T. compris	PENSION COMPLETE	170	250	200	310
	DEMI-PENSION	150	210	180	270

Supplément de 30 francs pour une chambre avec deux lits

P.S. Nous vous demandons de nous indiquer votre date d'arrivée (matin ou soir) et de départ et de nous envoyer la somme de 500 Francs à titre d'arrhes <u>par retour du courrier.</u>

Nos prix seront révisables dans le cas où les conditions économiques augmenteraient de plus de 10%.

A   Calculez le prix

1   Pension complète pour deux personnes du 3 au 10 juillet dans une chambre avec un grand lit et une douche.
2   Demi-pension pour deux personnes du 2 au 3 avril, dans une chambre avec deux lits, un lavabo et un bidet.

B Lisez la lettre suivante et répondez aux questions ci-dessous en anglais

Steyning, le 20 mars 19...

7 Arundel Street,
Steyning,
West Sussex BN14 7DQ

Monsieur, Madame,

Ayant reçu votre prospectus, je voudrais
réserver deux chambres avec un grand lit,
lavabo et bidet pour mon mari, moi-même et nos
deux filles. Nous arriverons le soir du 1er
mai et nous partirons le matin du 3 mai. Nous
aimerions prendre la pension complète.

Jusqu'à quelle heure servez-vous le dîner? Nous
pensons arriver vers dix heures du soir.

Vous trouverez ci-joint un chèque de 500 francs
à titre d'arrhes.

En attendant votre réponse, je vous prie de
croire à l'expression de mes sincères
salutations.

Samantha Smith

Mrs S.W. Smith

1 What has Mrs Smith already received from the hotel?
2 How long do the Smiths wish to stay?
3 What time do they expect to arrive?
4 Who will be coming with Mrs Smith?
5 Do the Smiths intend to eat at the hotel?
6 What question does Mrs Smith ask?
7 What does she enclose with her letter and why? (She would have to go to a bank to obtain it.)
8 In what circumstances does the hotel reserve the right to increase the prices quoted in its brochure?

9   Is wine included in these prices?

10   Is there a service charge?

11   Whereabouts is the hotel situated?

12   What is the additional charge for a room with two single beds?

C Complétez à votre choix

1   Y a-t-il ...?

2   Je voudrais ...

3   Nous avons l'intention de (d') ...

4   Peut-on ...?

5   Nous arriverons ...

6   Nous resterons jusqu'à (jusqu'au) ...

D Travaillez avec un(e) ami(e)

Imaginez que vous conduisez une voiture, un car ou un poids lourd en France. Calculez les distances entre ces villes importantes.

EXEMPLE: Quelle est la distance entre Paris et Lyon?
             Quatre cent cinquante kilomètres.

	Biarritz	Bordeaux	Calais	Chamonix	Dieppe	Dijon	Grenoble	Lille	Lyon	Marseille	Nice	Paris	Perpignan	Rouen
Bordeaux	185													
Calais	987	802												
Chamonix	973	793	873											
Dieppe	803	618	151	762										
Dijon	848	616	554	291	471									
Grenoble	837	656	741	150	715	267								
Lille	932	747	106	762	188	470	737							
Lyon	745	552	722	241	611	197	104	663						
Marseille	711	625	1025	426	957	542	276	970	303					
Nice	885	799	1128	395	1015	601	300	1067	404	183				
Paris	715	530	272	601	161	310	548	217	450	753	854			
Perpignan	453	442	1148	592	1018	34	442	1088	437	304	495	876		
Rouen	770	559	212	723	59	431	670	220	601	914	1003	122	959	
Toulouse	294	247	958	679	803	681	529	902	506	389	582	686	197	744

1 Quelle est la distance entre Biarritz et Toulouse?
2 Quelle est la distance entre Dieppe et Nice?
3 Quelle est la distance entre Chamonix et Rouen?
4 Quelle est la distance entre Calais et Toulouse?
5 Imaginez que vous êtes à Paris. Combien de kilomètres devez-vous faire pour aller (a) jusqu'à Calais? (b) jusqu'à Nice? (c) jusqu'à Marseille?
6 Quelle est la ville la plus proche de Grenoble: Paris, Lyon ou Marseille?
7 Quelle est la ville la plus proche de Bordeaux?
8 Quelle est la ville la plus éloignée de Dieppe?

E Imaginez que ...

Vous êtes dans une agence de voyages en France. Posez des questions à votre professeur, qui répondra comme s'il (ou elle) travaillait dans cette agence. N'oubliez pas de lui dire **vous**.

Using Mrs Smith's letter as a model, write to the hotel and book a room for you and a friend. Ask any questions you wish about the hotel and/or the neighbourhood. Don't forget to use the check-lists at the back of the book.

Mots à connaître

ma femme   *my wife*
garer   *to park*
un parking   *a car park*
un ascenseur   *a lift*
dans le quartier   *in the neighbourhood*
près de l'hôtel   *near the hotel*

Check-lists to help you get things right

Check-list I: topics

Asking questions

Use this list to help you make up questions in French. Practise with a friend and then your teacher will test you. Don't forget to use the list when you want to ask a question in a letter.

A quelle heure ...?   *What time ...?*

Aimes-tu ...? Aimez-vous ...?   *Do you like ...?*

As-tu ...?   *Do you have?*

Avec qui ...?   *With whom ...?*

Combien?   *How much? How many?*

Combien de temps ...?   *How long ...?*

Comment ...?   *How ...? In what way ...?*

Es-tu ...?   *Are you ...?*

Est-ce que ...?   *(These words turn a sentence into a question.)*

   Est-ce que c'est ...?   *Is it ...?*

   Est-ce qu'il y a ...?   *Is there ...?   Are there ...?*

Où ...?   *Where ...?*

   Où est ...?   *Where is ...?* Où sont ...?   *Where are ...?*

   Où vas-tu?   *Where are you going?*

Pourquoi?   *Why?*

Quand? Quand est-ce que ...?   *When?*

Que ...? Qu'est-ce que ...?   *What ...?*

   Que feras-tu?   *What will you do?*

   Qu'est-ce qui s'est passé?   *What happened?*

Quel ...? Quelle ...? Quels ...? Quelles ..?   *What ...?*

   Quel est ton chanteur préféré?   *Who is your favourite singer?*

Qui ...?   *Who ...?*

Vas-tu ...?   *Are you going ...?*

Y a-t-il ...?   *Is there ...?   Are there ...?*

Adjectives (see also Colours)

amusant — *amusing, funny*
américain — *American*
anglais — *English*
antillais — *West Indian*
australien — *Australian*
beau, belle — *beautiful*
bien — *good, well*
bon, bonne — *good*
ennuyeux, ennuyeuse — *boring*
formidable — *marvellous*
français — *French*
gallois — *Welsh*
gentil, gentille — *kind, nice*
grand — *big, tall*
gros, grosse — *big, fat*
indien, indienne — *Indian*
intéressant — *interesting*
irlandais — *Irish*
mauvais — *bad*
pakistanais — *Pakistani*
vieux, vieille — *old*

Ages

il a sept mois — *he is seven months old*
elle a deux ans et demi — *she is two and a half*
mes frères ont sept et dix ans — *my brothers are seven and ten*
ma sœur a vingt et un ans — *my sister is twenty-one*

Clothes

un bikini — *a bikini*
un blue-jeans — *jeans*
un chandail/un tricot — *sweater*
une chaussure/un soulier — *a shoe*
une chemise — *shirt (men)*
un corsage/un chemisier — *blouse, shirt (women)*
un foulard — *(head) scarf*
un imperméable — *mac, raincoat*
une jupe — *skirt*
un maillot de bain — *swimsuit*
un manteau — *coat*
un pantalon — *trousers*
une robe — *dress*
des sandales (f.) — *sandals*
un tee-shirt — *tee-shirt*
une veste — *jacket*

Colours

(see also Hair colours)

blanc, blanche *white*
bleu *blue*
bleu foncé *dark blue*
brun/marron *brown*
gris *grey*
jaune *yellow*
noir *black*
noisette *hazel*
rose *pink*
rouge *red*
vert *green*

Countries

en Angleterre *in/to England*
en Ecosse *in/to Scotland*
en France *in/to France*
en Irlande *in/to Ireland*
} Feminine countries

au Canada *in/to Canada*
au Pays de Galles *in/to Wales*
} Masculine countries

aux Antilles *in/to the West Indies*
aux Etats-Unis *in/to the U.S.A.*
} Countries with plural names

Dates

(see also Months)

le 7 janvier *on 7th January*
en février *in February*
ta lettre du 7 juillet *your letter of 7th July*

Days

lundi, mardi, mercredi, jeudi, vendredi, samedi, dimanche
lundi dernier *last Monday*
mardi prochain *next Tuesday*
un jour *a day, one day*
l'autre jour *the other day*
dans quelques jours *in a few days time*
il y a deux jours *two days ago*
le lendemain *the next day*
tous les jours *every day*
une bonne journée *a good day*
une journée intéressante *an interesting day*

Food
du bacon   *bacon*
un bifteck   *steak*
des carottes   *carrots*
des céréales   *cereals*
des côtelettes   *chops*
des crudités   *vegetable salad*
une glace   *an ice-cream*
du jambon   *ham*
des œufs brouillés   *scrambled eggs*
des œufs sur le plat   *fried eggs*
des pêches en conserve   *tinned peaches*
du poulet   *chicken*
de la purée de pommes de terre   *mashed potatoes*
du ragoût   *stew*
du riz   *rice*
des spaghettis   *spaghetti*
de la viande froide   *cold meat*

Hair colours
blond   *blond*
châtain clair *(adjective which never alters)*   *light brown*
châtain *(never alters)*   *brown, chestnut*
brun   *brown (rather dark)*
châtain roux *(adjective which never alters)*   *auburn*
roux *(m.)* rousse *(f.)*   *ginger*

Health
je vais bien   *I am well*
j'espère que tu vas bien   *I hope you are well*
ma jambe va mieux   *my leg is better*
mon père ne va pas très bien   *my father isn't very well*
nous allons bien   *we are well*
j'espère que toi et ta famille allez bien   *I hope you and your family are well*
comment vas-tu? Et ta famille?   *how are you and your family?*
comment vont tes parents?   *how are your parents?*

Months
janvier, février, mars, avril, mai, juin, juillet, août, septembre, octobre, novembre, décembre
un mois   *a month*
le mois dernier   *last month*
le mois prochain   *next month*
il y a un mois   *a month ago*

Numbers

1	un, une	70	soixante-dix
2	deux	71	soixante et onze
3	trois	72	soixante-douze
4	quatre	73	soixante-treize
5	cinq	74	soixante-quatorze
6	six	75	soixante-quinze
7	sept	76	soixante-seize
8	huit	77	soixante-dix-sept
9	neuf	78	soixante-dix-huit
10	dix	79	soixante-dix-neuf
11	onze	80	quatre-vingts
12	douze	81	quatre-vingt-un(e)
13	treize	82	quatre-vingt-deux
14	quatorze	90	quatre-vingt-dix
15	quinze	91	quatre-vingt-onze
16	seize	92	quatre-vingt-douze
17	dix-sept	93	quatre-vingt-treize
18	dix-huit	94	quatre-vingt-quatorze
19	dix-neuf	95	quatre-vingt-quinze
20	vingt	96	quatre-vingt-seize
21	vingt et un(e)	97	quatre-vingt-dix-sept
22	vingt-deux	98	quatre-vingt-dix-huit
23	vingt-trois	99	quatre-vingt-dix-neuf
24	vingt-quatre	100	cent
25	vingt-cinq	200	deux cents
26	vingt-six	201	deux cent un(e)
27	vingt-sept	303	trois cent trois
28	vingt-huit	1000	mille
29	vingt-neuf	2000	deux mille
30	trente	¼	un quart
40	quarante	⅓	un tiers
50	cinquante	½	la moitié
60	soixante		

Places

à Brighton	*in/to Brighton*
à Londres	*in/to London*
à Paris	*in/to Paris*
à l'aéroport	*in/to the airport*
au bord de la mer	*by the sea*
à la campagne	*in/to the country*
au centre ville	*in/to the centre of the town*
chez moi	*in/to my house*
à la gare	*in/to the station*
dans un hôtel	*in/to a hotel*
dans les magasins	*in/to the shops*
à la montagne	*in/to the mountains*

Things to do

aller+ à la pêche   *to go fishing*
bricoler*   *to do odd jobs*
faire les achats   *to go shopping*
faire la cuisine   *to cook*
faire du judo   *to do judo*
faire des promenades à bicyclette   *to go for cycle rides*
jardiner*   *to do gardening*
jouer* au ping-pong   *to play table tennis*

Things to see

la cathédrale   *the cathedral*
un château   *a stately home, a castle*
une course d'autos   *a motor race*
une exposition de peinture   *art exhibition*
un match de cricket   *a cricket match*
le musée   *the museum*
une régate   *a regatta*

Time

1 h	une heure	6 h 45	sept heures moins le quart
2 h 10	deux heures dix		six heures quarante-cinq
3 h 15	trois heures et quart	11 h 50	midi moins dix
	trois heures quinze		onze heures cinquante
4 h 20	quatre heures vingt	24 h	minuit
5 h 30	cinq heures et demie		vingt-quatre heures
	cinq heures trente		
5 h 40	six heures moins vingt		
	cinq heures quarante		

Weather and temperatures

il a fait beau   *it was nice weather*
il a plu   *it rained*
il n'a pas plu   *it didn't rain*
il a fait mauvais   *it was bad weather*
il a fait chaud   *it was hot weather*
il a fait très froid   *it was very cold*
il a neigé   *it snowed*
il a fait moins onze   *it was minus eleven* (−11°C)
il a fait trente degrés   *it was thirty* (30°C)

Years

une année   *a year*
l'année dernière   *last year*
l'année prochaine   *next year*

Check-list 2: points about verbs

1 *The people doing the action*

je	*I*	**nous**	*we*
tu	*you (to a young person)*	**vous**	*you (to adults and several*
il	*he, it*		*young people together)*
elle	*she, it*	**ils**	*they*
on	*we, you, people*	**elles**	*they*

2 *The present – Endings for verbs marked * which follow rules*

... er * verbs		**... ir * verbs**		**... re * verbs**	
je	**e**	je	**is**	je	**s**
tu	**es**	tu	**is**	tu	**s**
il/elle/on	**e**	il/elle/on	**it**	il/elle/on	
nous	**ons**	nous	**issons**	nous	**ons**
vous	**ez**	vous	**issez**	vous	**ez**
ils/elles	**ent**	ils/elles	**issent**	ils/elles	**ent**

3 *The perfect – Verbs marked * follow rules*

Verbs marked [+] you have to use **être**. When a verb has **être**, treat the past participle like an adjective:

> Je suis allée (*Add* **e** *when a girl speaks*)
> Elles sont allées (*Add* **es** *for feminine plural*)

4 *The future endings – All verbs*

Verbs marked * follow rules

je	**ai**	nous	**ons**
tu	**as**	vous	**ez**
il/elle/on	**a**	ils/elles	**ont**

5 *The imperfect endings – All verbs*

je	**ais**	nous	**ions**
tu	**ais**	vous	**iez**
il/elle/on	**ait**	ils/elles	**aient**

Check-list 3: verb list

Infinitive	Present	Perfect	Imperfect	Future
acheter *to buy*	j'achète, tu achètes, il achète nous achetons, vous achetez, ils achètent	acheté	j'achetais	j'achèterai
aller *to go*	je vais, tu vas, il va nous allons, vous allez, ils vont	allé ✚	j'allais	j'irai
avoir *to have*	j'ai, tu as, il a nous avons, vous avez, ils ont	eu	j'avais	j'aurai
boire *to drink*	je bois, tu bois, il boit nous buvons, vous buvez, ils boivent	bu	je buvais	je boirai
connaître *to know*	je connais, tu connais, il connaît nous connaissons, vous connaissez, ils connaissent	connu	je connaissais	je connaîtrai
croire *to believe*	je crois, tu crois, il croit nous croyons, vous croyez, ils croient	cru	je croyais	je croirai
devoir *to have to*	je dois, tu dois, il doit nous devons, vous devez, ils doivent	dû	je devais	je devrai
dire *to say*	je dis, tu dis, il dit nous disons, vous dites, ils disent	dit	je disais	je dirai
écrire *to write*	j'écris, tu écris, il écrit nous écrivons, vous écrivez, ils écrivent	écrit	j'écrivais	j'écrirai
emmener *to take*	j'emmène, tu emmènes, il emmène nous emmenons, vous emmenez, ils emmènent	emmené	j'emmenais	j'emmènerai
espérer *to hope*	j'espère, tu espères, il espère nous espérons, vous espérez, ils espèrent	espéré	j'espérais	j'espérerai
essayer *to try*	j'essaie, tu essaies, il essaie nous essayons, vous essayez, ils essaient	essayé	j'essayais	j'essaierai
être *to be*	je suis, tu es, il est nous sommes, vous êtes, ils sont	été	j'étais	je serai

	Present	Past participle	Imperfect	Future
faire *to make/do*	je fais, tu fais, il fait nous faisons, vous faites, ils font	fait	je faisais	je ferai
se lever *to get up*	je me lève, tu te lèves, il se lève nous nous levons, vous vous levez, ils se lèvent	levé	je me levais	je me lèverai
lire *to read*	je lis, tu lis, il lit nous lisons, vous lisez, ils lisent	lu	je lisais	je lirai
manger *to eat*	je mange, tu manges, il mange nous mangeons, vous mangez, ils mangent	mangé	je mangeais	je mangerai
mettre *to put*	je mets, tu mets, il met nous mettons, vous mettez, ils mettent	mis	je mettais	je mettrai
partir *to leave*	je pars, tu pars, il part nous partons, vous partez, ils partent	parti[+]	je partais	je partirai
pouvoir *to be able*	je peux, tu peux, il peut nous pouvons, vous pouvez, ils peuvent	pu	je pouvais	je pourrai
prendre *to take*	je prends, tu prends, il prend nous prenons, vous prenez, ils prennent	pris	je prenais	je prendrai
recevoir *to receive*	je reçois, tu reçois, il reçoit nous recevons, vous recevez, ils reçoivent	reçu	je recevais	je recevrai
savoir *to know*	je sais, tu sais, il sait nous savons, vous savez, ils savent	su	je savais	je saurai
sortir *to go out, to come out*	je sors, tu sors, il sort nous sortons, vous sortez, ils sortent	sorti[+]	je sortais	je sortirai
venir *to come*	je viens, tu viens, il vient nous venons, vous venez, ils viennent	venu[+]	je venais	je viendrai
voir *to see*	je vois, tu vois, il voit nous voyons, vous voyez, ils voient	vu	je voyais	je verrai
vouloir *to want*	je veux, tu veux, il veut nous voulons, vous voulez, ils veulent	voulu	je voulais	je voudrai

VOCABULARY

Most adjectives just add 'e' to make them feminine and 's' to make them plural. A few change completely and these are given separately in the vocabulary.

A

à	*to, at, in*
il **a**	*he has*
un **abri de jardin**	*garden shed*
un **abricot**	*apricot*
tu **accepteras**	*you'll accept*
êtes-vous d'**accord**?	*do you agree?*
elle n'était pas d'**accord**	*she didn't agree*
j'**achète**	*I buy*
j'ai **acheté**	*I bought*
acheter	*to buy*
activités de loisirs	*hobbies, leisure activities*
une **adresse**	*address*
un **aéroglisseur**	*hovercraft*
l'**aéroport** (*m.*)	*airport*
quel **âge**?	*how old?*
une **agence de voyages**	*travel agency*
agréable	*nice, pleasant*
j'**ai**	*I have*
j'**ai** seize ans	*I'm sixteen*
aider	*to help*
l'**ail**	*garlic*
j'**aimais**	*I liked*
aimer	*to like*
j'**aimerais**	*I should like*
tu **aimerais**	*you would like*
tu **aimeras**	*you'll like*
vous **aimeriez**	*you would like*
nous **aimerions**	*we should like*
aimes-tu?	*do you like?*
vous **aimez**	*you like*
et **ainsi de suite**	*and so on*
ajoutez	*add*
une **alimentation**	*grocer's (shop)*
tu **allais**	*you were going, you used to go*
j'y suis **allé**	*I went there*
es-tu **allé**?	*did you go?*
je suis **allé** voir	*I visited*
l'**allemand**	*German (language)*
aller	*to go*
nous sommes **allés**	*we went*
vous **allez**	*you're going*
nous **allons**	*we go, we are going*
nous **allons** bien	*we are well*
alors	*so, then*
l'**alpinisme** (*m.*)	*rock climbing*
un **amateur** de T.V.	*lover of T.V.*
un **ami**, une **amie**	*friend*
amicalement	*yours*
amitiés	*yours*
l'**amour**	*love*
amusant	*funny*
je me suis **amusé**	*I had a nice time*
on s'est bien **amusé**	*we had a nice time*
un **an**	*year*
l'**ananas au kirsch** (*m.*)	*pineapple in cherry brandy*
ancien, **ancienne**	*old*
les **Anglais** (*m. pl.*)	*English people*
anglais renforcé	*extra English*
en **anglais**	*in English*
en **Angleterre**	*in (to) England*
les **animaux** (*m.pl.*)	*animals*
une **année**	*year*
un **anniversaire**	*birthday*
j'ai seize **ans**	*I am sixteen*
août	*August*
un **appartement**	*flat*
il s'**appelle**	*he is called*
apprendre	*to learn*
après	*afterwards*
après-demain	*the day after tomorrow*
un **après-midi**	*afternoon*
l'**argent** (*m.*)	*money*
l'**argent de poche**	*pocket money*
une **armoire**	*wardrobe*

arrivé	*arrived, happened*
l'**arrivée** (*f.*)	*arrival*
j'**arriverai**	*I'll arrive*
nous **arriverons**	*we'll arrive*
arrogant	*conceited*
des **articles de toilette** (*m.*)	*toilet articles, soap etc.*
un **as**	*ace*
as-tu?	*have you? do you have?*
un **ascenseur**	*lift*
assez	*quite, enough*
une **assiette**	*plate*
un **astérisque**	*asterisk, star*
a-t-il?	*has he?*
ils m'**attendaient**	*they were waiting for me*
en **attendant**	*waiting (for)*
j'**attends**	*I wait*
attention!	*be careful!*
au	*to, at, to the, at the*
une **auberge de jeunesse**	*youth hostel*
augmenteraient	*should increase*
aujourd'hui	*today*
il y **aura**	*there will be*
j'**aurai**	*I'll have*
auras-tu?	*will you have?*
quand tu **auras le temps**	*when you have time*
aussi	*too, also*
un **autobus**	*bus*
une **autoroute**	*motorway*
autre	*other*
autre chose	*anything else, other things*
autrement	*otherwise*
il y **avait**	*there was, there were*
il n'y **avait** rien	*there was nothing*
avant (**de**)	*before*
avant-hier	*the day before yesterday*
avec	*with*
une **averse**	*shower (of rain)*
vous **avez**	*you have*
un **avis**	*opinion*
à votre **avis**	*in your opinion*
avoir	*to have*
nous **avons**	*we have*
avril	*April*
ayant reçu	*having received*

B

un **bac**	*sink*
se **baigner**	*to go swimming*
un **bal**	*dance*
un **bateau**	*boat*
faire du **bateau**	*to go boating*
beaucoup	*lots, a lot*
j'ai **besoin de**	*I need*
j'aurai **besoin de**	*I'll need*
beurre	*butter*
un **bibelot**	*ornament*
une **bibliothèque**	*library*
une **bicyclette**	*bicycle*
à **bicyclette**	*by bicycle*
un **bidet**	*bidet (used for washing below the waist)*
bien	*good, very, well*
bien à toi	*yours*
j'aime **bien**	*I'm fond of*
bientôt	*soon*
la **bière**	*beer*
une **bijouterie**	*jeweller's shop*
une **biographie**	*biography*
la **biologie**	*biology*
blanc, blanche	*white*
blle	*(abbreviation for* **bouteille***)*
le **bœuf**	*beef*
le **bois**	*wood*
une **boisson**	*drink*
on **boit**	*we drink, you drink*
ils **boivent**	*they drink*
bon	*good*
un **bonbon**	*sweet*
bonne	*good*
la **boucherie**	*butcher's (shop)*
une **boulangerie**	*baker's (shop)*
les **boules**	*French bowls*
une **boum**	*party, disco*
une **bouteille**	*bottle*
le **bowling**	*tenpin bowling, bowling alley*
la **Bretagne**	*Brittany*
bricoler	*to do odd jobs, make things*
Britannique	*British*
une **brochure**	*brochure, booklet*
le **brouillard**	*fog*
a-t-il fait du **brouillard?**	*was it foggy?*
bruyant	*noisy*
j'ai **bu**	*I drank*
un **bureau de renseignements**	*information office*
un **bureau de tabac**	*tobacconist's shop*
vous **buvez**	*you drink*

C

c'	it
ça	it, that
caché	hidden
un cadeau	present
le café	coffee, café
une calculatrice de poche	pocket calculator
calculez	calculate
calme	quiet
le calvados	apple brandy
un, une camarade	friend
camarade de classe	schoolfriend
la campagne	country
à la campagne	in the country
un campeur	camper
un camping	camp site, caravan site
faire du camping	to go camping
nous ferons du camping	we'll go camping
car	for
un car	coach
une caravane	caravan
un carnet	notebook
un carrelet frit	fried plaice
une carte Michelin	map published by Michelin
en cas d'urgence	in case of emergency
dans le cas où	in the event of
un casino	casino
je me suis cassé	I broke
une cassette	cassette
le catch	wrestling
à la cave	in the cellar
ce	it, this
ce que	that, what
ce qui	what
cela	it
celles	those
cent	hundred
au centre	in the centre
un centre sportif	sports centre
le centre ville	centre of the town
une cerise	cherry
ces	these
cet	this
cette	this
ceux	those
chacun	each one
une chaîne hi-fi	hi-fi (stack system)
une chaise	chair

une chambre	bedroom
une chambre à toi tout(e) seul(e)	your own room
la chance	luck
tu as eu de la chance	you were lucky
vous changez	you change
un chanteur, une chanteuse	singer
un chapeau	hat
une chapelle	small church
chaque	each, every
une charcuterie	delicatessen
un chat, une chatte	cat
un château	castle, stately home
chaud	hot
une chaussette	sock
une chaussure	shoe
une cheminée	fireplace, mantelpiece
une chemise	shirt
une chemise de nuit	nightdress
un chemisier	blouse
un chèque	cheque (International cheques are available from banks)
cher, chère	dear
les cheveux	hair
chez toi, chez vous	(at) home, (at) your house
un chien, une chienne	dog
un chiffre	figure
la chimie	chemistry
des chips (m.)	crisps
j'ai choisi	I chose
choisir	to choose
un choix	choice
complétez à votre choix	complete in any way you like
une chose	thing
autre chose	anything else
ci-dessous	below
ci-joint	enclosed
le cidre	cider
cinq	five
à cinq minutes de	five minutes from
cinquante	fifty
un citron	lemon
clair	bright
en classe	to school
une clef	key
un coca	coca cola
un cochon d'Inde	guinea-pig

le **code postal**	post code
chez le **coiffeur**	to the hairdresser's
une **coiffeuse**	dressing table
un **collant**	tights
un **collège**	school
une **colonne**	column
combien?	how much? how many?
comme	as
commencer	to start
comment?	how? what? in what way?
comment est …?	what is … like?
comment vas-tu?	how are you?
comment vont-ils?	how are they?
le **commerce**	business
une **commode**	chest of drawers
compléter	to complete
composez des phrases	make up sentences
comprendre	to understand
vous **comprenez**	you understand
compris	included
avez-vous **compris?**	have you understood?
comptez	count, reckon
un **concert**	concert
la **concierge**	caretaker
un **concombre**	cucumber
un **concours**	competition, contest
les **conditions**	
économiques	cost of living
conduire	to drive
vous **conduisez**	you drive
la **confiance**	confidence
confirmer	to confirm
la **confiture**	jam
la **confiture d'oranges**	marmalade
confortable	comfortable
connais-tu?	do you know?
vous **connaissez**	you know
la **consigne**	left luggage
content	pleased
le **contenu**	contents
copiez	copy
un **coq au vin**	chicken cooked in wine
un(e) **correspondant(e)**	pen-friend
la **côte**	coast
à **côté de**	beside, next to
je me **couche**	I go to bed
la **couleur**	colour
une **cour**	courtyard, yard
un **cours**	lesson
un(e) **cousin(e)**	cousin

un **coussin**	cushion
ils **coûtent**	they cost
la **couture**	sewing, needlework
couvert	overcast
à la **crème**	cooked or served in cream
les **crevettes**	prawns
crois-tu?	do you think?
vous **croyez**	you think
les **crudités**	salad and raw vegetables
la **cuisine**	cooking, kitchen
faire la **cuisine**	to cook
les **cuisses de**	
grenouilles (f.)	frogs' legs
le **cyclisme**	cycling

D

un **dancing**	dance hall
dans	in
la **danse**	dancing
danser	to dance
la **date**	date
de	of
un **débarras**	lumber room
un **débat**	debate, discussion
décembre	December
il a **décidé**	he has decided
décris-moi	describe
décrivez	describe
ils m'ont **défendu de**	they have forbidden me
déjà	ever, already
je **déjeunais**	I was having lunch, dinner (in the middle of the day)
le **déjeuner**	midday meal
le petit **déjeuner**	breakfast
de l', de la	some
délicieux	delicious
demain	tomorrow
demandez à	ask
déménager	to move
demi-pension	half board
le **départ**	departure
un **département**	(France is divided into districts known as departments)
les **dépenses** (f. pl.)	expenses
depuis si longtemps	for such a long time
dernier, dernière	last, latest
des	any, some, of, of the

désolé	extremely sorry
en désordre	untidy
un dessert	dessert, sweet course
le dessin	art, drawing
un dessin animé	cartoon
une dette	debt
deux	two
deuxième	second
devant	in front (of)
devez-vous?	must you? do you have to?
que deviens-tu?	what's become of you?
les devoirs	homework
je devrais	I should
vous devriez	you should
difficile	hard to please
dimanche	Sunday
je dînais	I was having my evening meal
dîner	to have dinner (in the evening)
dire	to say, to tell
une discothèque	discothèque
ils disent	they say
dis-lui	tell him/her
dis-moi	tell me
il a disparu	he disappeared
un disque	record
les distractions	amusements, things to do
dit	said, told
tu m'as dit	you told me
il a dit	he said
dites	say
divisez par	divide by
dix	ten
je dois	I have to, I owe
on doit	you must
quel dommage!	what a pity!
donc	so
donné	given
ils m'ont donné	they gave me
donne-moi	give me
elle donne sur	it overlooks
ils donnent	they give
donner	to give
vous dormez	you sleep
le dos	back
une douche	shower
la douzaine	dozen
du	some, of the, from the

86

E

l'eau	water
l'eau minérale	mineral water
les échecs	chess
une école	school
faire des économies	to save
j'ai économisé	I saved
écossais	Scots
l'Ecosse	Scotland
écouter	to listen
écrire	to write
écris-moi	write to me
de ne pas t'avoir écrit	for not having written to you
écrivez	write
une église	church
un, une élève	pupil
elle	she, it
elles	they
la plus éloignée	the farthest
une émission	programme
un emplacement	site
un emploi du temps	time table
un, une employé(e)	employee
emporter	to take (with you)
E.M.T. (éducation manuelle technique)	craft, woodwork, metalwork, etc.
en	in
il n'y en a pas	there aren't any
j'en ai un(e)	I have one
je n'en ai pas	I haven't any
un, une enfant	child
enfin	finally
ennuyeux	boring
une enquête	enquiry, survey
l'enseignement ménager	home economics
ensemble	together
ensoleillé	sunny
ensuite	next
entre	between, in between
une entrée	hall
je t'envoie	I am sending you
il a envoyé	he sent
envoyer	to send
une épicerie	grocer's (shop)
les films d'épouvante	horror films
E.P.S. (éducation physique et sportive)	P.E. and games

tu es	you are
n'es-tu pas?	aren't you?
un escargot	snail
l'escrime (f.)	fencing
faire de l'escrime	to fence
l'Espagne	Spain
espagnol	Spanish
en espérant	hoping
j'espère	I hope
j'ai essayé	I tried
vous essayez	you try
l'essence	petrol
est	is
est-ce?	is it?
est-ce que?	(makes a sentence into a question – do? does? is? etc.)
et	and
une étagère	shelf
étaient	were
était	was
un état	state, condition
les Etats-Unis (m. pl.)	United States
l'été (m.)	summer
j'ai été	I was
vous êtes	you are
vous étiez	you were
nous étions	we were
une étoile	star
étranger	foreign
il a eu	he has had
chez eux	at their house, at home
un examen	exam
est-ce que vous passez un examen?	are you taking an exam?
une excursion	excursion, trip
excuse-moi	I'm sorry
un exercice	exercise
une exposition	exhibition

F

F.	franc (French coin)
en face	opposite
facile	easy
facilement	easily
faire	to make, to do
que vas-tu faire de?	what are you going to do with?
faire du camping	to go camping

je fais des révisions	I'm revising
que fais-tu?	what do you do?
que faisiez-vous?	what were you doing?
j'ai fait	I made, I did
qu'as-tu fait?	
qu'avez-vous fait?	what did you do?
a-t-il fait beau?	was it nice weather?
il fait froid	it is cold
a-t-il fait plus chaud?	was it hotter?
faites	do, make
faites-en une description	describe it
faites le total	add up
une famille	family
et ta famille?	and how are your family?
il faut compter	you must allow
un fauteuil	armchair
faux, fausse	false
féminin	feminine
une femme	wife
de la fenêtre	from the window
il fera beau	it will be fine
une ferme	farm
fermé	closed
fermer	to close, switch off
nous ferons	we'll make, do
le programme des festivités	programme of events
une fête	name day
un feu d'artifice	firework display
un feuilleton	serial
en février	in February
une fille	girl, daughter
un film (sur) ...	a film (about ...)
un fils	son
la fin	end
finir	to finish
vous finissez	you finish
une fois	once
trois fois	three times
plusieurs fois par jour	several times a day
la première fois	the first time
le football	football
la forêt	forest
formidable	marvellous
un foulard	scarf
une fraise	strawberry
français	French
en français	in French
un(e) Français(e)	French person
un frein	brake
un frère	brother

les **frites**	*chips*
froid	*cold*
a-t-il fait **froid**?	*was it cold?*
plus **froid**	*colder*
le plus **froid**	*the coldest*
le **fromage**	*cheese*
les **fruits** (*m. pl.*)	*fruit*
au **futur**	*in the future*
le **futur** proche	*the future, using the verb* aller

G

j'ai **gagné**	*I earned*
tu **gagnes**	*you earn*
gallois	*Welsh*
un **garage**	*garage*
une **gare**	*station*
les **gens**	*people*
gentil, gentille	*nice, kind*
la **géographie**	*geography*
une **glace**	*ice cream*
une **glace** au moka	*coffee ice cream*
grand	*big*
un **grand** lit	*double bed*
une **grande**	*a big one*
les **grands-parents**	*grandparents*
gratuit	*free*
un **grenier**	*loft*
une **grille**	*grid*
un **guidon**	*handlebars*
la **gymnastique**	*gym*

H

h	*abbreviation for* **heure**
habiter	*to live*
une **habitude**	*habit*
comme d'**habitude**	*as usual*
un **hamster**	*hamster*
un **haricot**	*bean*
à **haute** voix	*out loud*
la **Haute-Savoie**	*(part of France)*
l'**heure**	*time*
une **heure**	*an hour, one o'clock*
à cette **heure**-là	*at that time*
à quelle **heure**?	*what time?*
heureux, heureuse	*happy*
hier	*yesterday*
hist-géo	*history and geography*

l'**histoire** (*f.*)	*history*
historique	*historical*
un **hôpital**	*hospital*
un **horaire**	*time table*
un **hors-d'œuvre**	*starter*
huit	*eight*
une **huître**	*oyster*
un **hypermarché**	*hypermarket*

I

ici	*here*
une **idée**	*idea*
il	*he, it*
ils	*they*
imaginez	*imagine*
un **immeuble**	*block of flats*
un **imperméable**	*mac*
indiquez	*indicate, give, show*
les **informations**	*the news*
l'**informatique** (*f.*)	*computer studies*
inquiet, inquiète	*worried*
avez-vous l'**intention** de?	*do you intend to?*
intéressant	*interesting*
cela t'**intéresse**, il vous **intéresse**	*it interests you*
s'**intéresser** à	*to be interested in*
vous vous **intéressez** à	*you are interested in*
un **intrus**	*odd one out*
on **ira**	*we'll go*
j'**irai**	*I'll go*
l'**Irlande** (*f.*)	*Ireland*
nous **irons**	*we'll go*

J

j'	*I*
jamais	*never*
je n'y vais **jamais**	*I never go there*
la **jambe**	*leg*
le **jambon**	*ham*
un **jardin**	*garden*
le **jardinage**	*gardening*
jardiner	*to do gardening*
le **jazz**	*jazz*
je	*I*
un **jeu**	*game*
jeudi	*Thursday*
un(e) **jeune** Français(e)	*French boy (girl)*
les **jeunes**	*teenagers*

joli	*pretty*
j'ai joué	*I played*
jouer	*to play*
jouer aux cartes	*to play cards*
un jour	*day*
ce jour-là	*on that day*
des journaux	*newspapers*
par journée	*per day*
quinze jours	*fortnight*
tous les jours	*every day*
faire du judo	*to do judo*
en juillet	*in July*
en juin	*in June*
une jupe	*skirt*
jusqu'à	*until, as far as*

L

l'	*the, it, him, her*
la	*the, it, her*
à cette heure-là	*at that time*
la laine	*wool*
ils me laissent	*they allow me*
une lampe de chevet	*bedside lamp*
un lapin	*rabbit*
un lavabo	*wash-basin*
laver	*to wash*
le	*the, it, him*
la lecture	*reading*
un légume	*vegetable*
les	*the, them*
la lessive	*washing*
une lettre	*letter*
leur, leurs	*their*
je me lève	*I get up*
une librairie	*bookshop*
libre	*free*
au lieu de	*instead of*
du linge	*underwear, washing*
lire	*to read*
tu lis	*you read*
lisez	*read*
vous lisez	*you read*
une liste	*list*
un lit	*bed*
au lit	*in bed*
un livre	*book*
loin (de)	*far (from)*
le loisir	*leisure*
les loisirs	*hobbies*

Londres	*London*
lorsque	*when*
il a loué	*he hired*
louer	*to rent, hire*
lourd	*heavy*
le Louvre	*(name of a museum in Paris)*
j'ai lu	*I have read*
lui	*her/him, to her/him*
lundi	*Monday*

M

m'	*me, to me*
ma	*my*
une machine à coudre	*sewing machine*
Madame	*Mrs*
Mademoiselle	*Miss*
un magasin	*shop*
aller dans les magasins	*to go to the shops*
un magazine	*magazine*
un magnétophone à cassettes	*cassette recorder*
mai	*May*
un maillot de bain	*swimsuit*
maintenant	*now*
la mairie	*town hall*
mais	*but*
une maison	*house*
à la maison	*at home*
la maison des jeunes	*youth club*
mal	*bad, badly*
malade	*ill*
malheureusement	*unfortunately*
Maman	*Mum*
on mange	*you eat*
as-tu mangé?	*did you eat?*
tu mangeais	*you used to eat*
manger	*to eat*
manquer	*to miss*
un manteau	*coat*
la marche	*walking*
mardi	*Tuesday*
un mari	*husband*
un marin	*sailor*
mars	*March*
une matière	*subject*
le matin	*morning, in the morning*
me	*me, myself*

méfiez-vous	*be careful*
meilleures amitiés	*best wishes*
même	*same, itself*
les **mêmes que**	*the same as*
un **menu**	*menu*
la **mer**	*sea*
merci	*thank you*
mercredi	*Wednesday*
une **mère**	*mother*
mes	*my*
je **mesure** 1 m 70	*I'm 1 m 70 (tall)*
le travail des **métaux**	*metalwork*
la **météo**	*weather forecast*
le **métro**	*the Underground*
je **mets**	*I put*
mettez	*put*
mettre	*to put*
midi	*midday*
midi et demi	*half-past twelve*
le **Midi**	*South of France*
le **miel**	*honey*
mignon, mignonne	*sweet, nice*
mille	*thousand*
minuit	*midnight*
une **mobylette**	*moped*
moi	*I, me*
moi-même	*myself*
moins (de)	*less (than)*
un **mois**	*month*
il y a trois **mois**	*three months ago*
une glace au **moka**	*coffee ice cream*
en ce **moment**	*at the moment*
mon	*my*
Monsieur	*Mr, Sir*
es-tu **monté?**	*did you go up?*
un **monument historique**	*historic building, ancient monument*
une **moquette**	*fitted carpet*
un **mot**	*word*
un **moteur**	*engine*
une **moto**	*motor-bike*
un **mouchoir**	*handkerchief*
moules à la crème	*mussels cooked in cream*
la **moutarde**	*mustard*
moyen, moyenne	*medium*
une **moyenne**	*average*
aux **murs**	*on the walls*
un **musée**	*museum*
la **musique**	*music*

N

n'	*(look up ne)*
nager	*to swim*
la **naissance**	*birth*
la **natation**	*swimming*
la **nationalité**	*nationality*
ne ... jamais	*never*
ne ... pas	*not*
ne ... que	*only*
ne ... rien	*nothing*
nécessaire	*necessary*
la **neige**	*snow*
a-t-il **neigé?**	*did it snow?*
prix **nets**	*service included*
neuf	*nine*
NN – nouvelles normes	*(a way of classifying hotels)*
Noël	*Christmas*
un **nom**	*name, surname*
un **nombre**	*number*
nommer	*to name*
nommez	*name*
non	*no, not*
le **nord**	*North*
en **Normandie**	*to Normandy*
nos	*our*
notre	*our*
nous	*we, us*
nouveau, nouvelle	*new*
les **nouvelles**	*news, short stories*
novembre	*November*
nuageux	*cloudy*
une **nuit**	*night*
une table de **nuit**	*bedside table*
un **numéro**	*number*

O

il s'**occupe** de	*he looks after*
comment **occupes**-tu tes loisirs?	*what do you do in your spare time?*
un **œuf** à la coque	*boiled egg*
des **œuvres** charitables	*charities*
l'**ombre** (f.)	*shade*
en **omettant**	*omitting*
on	*we*
un **oncle**	*uncle*
ont	*have*

ont-ils?	do they have?
un **orage**	thunderstorm
oralement	orally, speaking
un **orchestre**	orchestra
par **ordre de préférence**	in order of preference
organisé	organised
ou	or
où	where, when
j'ai **oublié** l'heure	I forgot the time
n'**oubliez** pas (de)	don't forget
oui	yes
ouvert	open
ouvre-t-il?	does it open?
ils **ouvrent**	they open

P

le **pain**	bread
un **pamplemousse**	grapefruit
un **pantalon**	trousers
une **pantoufle**	slipper
Papa	Dad
une **papeterie**	stationer's (shop)
le **papier peint**	wallpaper
Pâques	Easter
par	by, for
par **journée**	per day
le **parachutisme**	parachute jumping
parce que	because
mes **parents**	my parents
parler	to talk, to speak
vous **parlez**	you talk, you speak
je **pars** (de)	I leave
parti	left, set off, went away
partir	to leave, set off, go away
on **partira**	we'll leave
je **partirai**	I'll leave
pas	not
as-tu **passé**?	did you spend?
nous avons **passé**	we spent
comment ça s'est **passé**	how it went off
qu'est-ce qui s'est **passé**?	what happened?
tout s'est bien **passé**	everything went off well
on a **passé** 'Gandhi' à la télévision	'Gandhi' was shown on television
passer	to spend (time)
se **passer**	to go off (well, badly)
tu **passeras**	you'll spend (time)

vous **passez**	you spend
passionnant	exciting, fascinating
le **pâté**	rich meat paste
une **pâtisserie**	cake, cake shop
le **patron**, la **patronne**	owner, boss
j'ai **payé**	I paid
payer	to pay
un **pays**	country
la **pêche**	fishing, peach
peindre	to paint
une **pellicule**	film
pendant	during, for
penser	to think
une **pension**	small hotel
la **pension complète**	full board
nous **pensons** arriver	we are expecting to arrive
j'ai **perdu**	I lost
j'avais **perdu**	I had lost
un **père**	father
en **permanence**	all the year round
cela me **permet de**	it enables me
une **personne**	person
la **pétanque**	a French version of the game of bowls
petit	small, little
le **petit déjeuner**	breakfast
un **petit-fils**	grandson
un **petit pain**	bread roll
un **peu**	a little
vous avez **peur**	you're scared
on **peut**	you can
peut-être	perhaps
ils **peuvent**	they can
tu **peux**	you can
une **pharmacie**	chemist's (shop)
la **photo**	photo, photography
une **phrase**	sentence
la **physique**	physics
un **pichet**	jug
une **pièce de théâtre**	play
à **pied**	on foot
le **ping-pong**	table tennis
une **piscine**	swimming pool
un **placard**	cupboard
sur **place**	on the spot
la **place du marché**	market square
la **plage**	beach
le **plaisir**	pleasure
il/elle me **plaît**	I like it
la **planche à voile**	windsurfing

une **plaque** **d'immatriculation**	*number plate*
en **plein air**	*out of doors*
en **plein centre**	*right in the centre*
en **pleine forme**	*fit, very well*
il **pleuvait à verse**	*it was pouring (with rain)*
la **plongée**	*diving*
plonger	*to dive*
a-t-il **plu?**	*did it rain?*
la **pluie**	*rain*
plus	*more*
plus chaud	*hotter*
plus cher	*dearer*
le **plus froid**	*the coldest*
plus de	*more than*
plus ou moins	*more or less*
plusieurs	*several*
un **pneu**	*tyre*
un **poids lourd**	*lorry*
une **poire**	*pear*
un **poisson**	*fish*
un **poisson rouge**	*goldfish*
le **poivre**	*pepper*
une **pomme**	*apple*
une **pomme de terre frite**	*fried potato*
le **porc**	*pork*
un **port**	*harbour*
un **port de plaisance**	*marina*
je **porte**	*I wear*
posez des questions	*ask questions*
un **poste**	*set*
un **poster**	*poster*
le **potage**	*soup*
un **poulet**	*chicken*
pour	*to, in order to, for*
un **pourboire**	*tip*
pourquoi?	*why?*
je **pourrai**	*I'll be able*
pourrais-tu?	*could you?*
tu **pourras**	*you'll be able*
pouvez-vous?	*can you?*
pouvoir	*to be able*
pratiquer du sport	*to do sport*
préféré	*favourite*
vos **préférences**	*what you like*
tu **préfères**	*you prefer*
premier, première	*first*
je **prenais** de la bouillabaisse	*I had fish soup*
il **prend**	*he takes*
je **prendrai**	*I'll take*
prendre	*to take, to have*
je **prends**	*I take, I have*
prenez	*take*
vous **preniez le train**	*you used to catch the train*
nous **prenions le car**	*we used to get the coach*
ils **prennent**	*they take*
un **prénom**	*first name*
il nous **prêtera**	*he'll lend us*
prévenir	*to let (someone) know*
je vous **prie de croire à l'expression de mes sincères salutations**	*yours truly (a polite ending to a business letter)*
au **printemps**	*in the spring*
le **prix**	*price*
prochain	*next*
la semaine **prochaine**	*next week*
la plus **proche**	*the nearest*
un **prof**, un **professeur**	*teacher*
profite bien de	*make the most of*
les **projets**	*plans*
une **promenade à bicyclette**	*cycle ride*
une **promenade à pied**	*walk*
un **prospectus**	*leaflet, brochure*
à **proximité immédiate**	*very near*
une **prune**	*plum*
nous avons **pu**	*we were able*
puis	*then*
puisque	*since*
un **pyjama**	*pyjamas*

Q

qu'	*that, what*
quand	*when*
une heure et **quart**	*a quarter past one, an hour and a quarter*
un **quartier**	*district*
quatorze ans	*fourteen years old*
quatre	*four*
que	*than, that, what?*
quel?	*what?*
quel âge as-tu?	*how old are you?*
quelle? quelles?	*what?*
quelque chose	*something*
quelquefois	*sometimes*
quelque temps	*a while*
quelques, quelques-un(e)s	*a few, some*
quels?	*what?*
qu'est-ce que? qu'est-ce qui?	*what?*
qui	*which, who, that*

une **quincaillerie**	*hardware shop*
quinze	*fifteen*
je **quitte**	*I leave*
quitter	*to leave*
quoi	*what*
de **quoi** faire la cuisine	*what we need to do the cooking*

R

raconte-moi	*tell me*
un **radiateur**	*radiator*
un **radiateur électrique**	*electric fire*
un **radio-cassette**	*radio cassette recorder*
un **radio-réveil**	*clock radio*
un **radis**	*radish*
le **raisin**	*grapes*
une **randonnée**	*ramble, walk*
bien **rangé**	*very tidy*
j'ai **rangé**	*I tidied*
récemment	*recently*
recevoir	*to receive*
un **réchaud à gaz**	*camping stove*
la **récréation**	*break*
j'ai **reçu**	*I received*
réduit	*reduced*
regarder	*to watch, to look at*
regardez	*look (at), watch*
une **régate**	*regatta*
une **région**	*district*
je **regrette**	*I'm sorry*
je te **remercie**	*thank you*
j'ai **rencontré**	*I met*
rencontrer	*to meet*
un **renseignement**	*information*
je suis **rentré**	*I got back*
rentrer	*to come back, to get back*
les **réparations**	*repairs*
un **repas**	*meal*
repeindre	*to paint, decorate*
répondez	*answer*
il **répondra**	*he will answer*
répondre	*to answer*
répondu	*answered*
une **réponse**	*answer*
réserver	*to book*
un **restaurant**	*restaurant*
es-tu **resté**?	*did you stay?*
rester	*to stay*
je **resterai**	*I'll stay*

nous **resterons**	*we'll stay*
un **résultat**	*result*
le **retour**	*return*
je serai de **retour**	*I'll be back*
par **retour du courrier**	*by return of post*
retourner	*to return*
j'ai **retrouvé**	*I found*
un **rétroviseur**	*driving-mirror*
révisable	*subject to alteration*
je fais des **révisions**	*I am revising*
un **rideau**	*curtain*
rien	*nothing*
vous **risquez**	*you run the risk of*
une **robe**	*dress*
un **roman**	*novel*
un **roman policier**	*thriller*
rosé	*rosé wine (pink-coloured)*
rôti	*roast*
une **roue**	*wheel*
rouge	*red*
vous **rougissez**	*you blush*
une **rue**	*street*

S

sa	*his, her*
le **sable**	*sand*
le **sac**	*bag*
sage	*good, well-behaved*
sais-tu?	*do you know how to?*
une **salle de bains**	*bathroom*
la **salle de séjour**	*living room*
le **samedi**	*on Saturdays*
sans	*without*
une **saucisse**	*sausage*
du **saucisson sec**	*salami sausage*
sauf	*except*
comment **savais-tu**?	*how did you know?*
savoir	*to know (facts and how to do things)*
le **savon**	*soap*
les **sciences naturelles**	*biology*
les **sciences physiques**	*chemistry and physics*
un **séjour**	*a stay, a living-room*
le **sel**	*salt*
une **selle**	*saddle, seat*
une **semaine**	*week*
un **sens critique**	*sense of judgement*
sept	*seven*
je **serai**	*I'll be*

seras-tu?	*will you be?*
serez-vous?	*will you be?*
nous **serons**	*we'll be*
une **serveuse**	*waitress*
servi	*served*
une **serviette**	*towel, briefcase*
ses	*his, her*
seul	*alone*
seulement	*only*
sévère	*strict*
un **shampooing**	*shampoo*
si	*if*
situé	*situated*
faire du **ski**	*to ski, go skiing*
le **ski nautique**	*water skiing*
un **soda**	*fizzy drink*
une **sœur**	*sister*
le **soir**	*evening, in the evening*
le **soleil**	*sun*
sombre	*dark*
la **somme**	*amount*
nous **sommes**	*we are*
son	*his, her*
sont	*are*
je **sors**	*I go out*
vous **sortez**	*you go out*
je suis **sorti(e)**	*I went out*
une **sortie**	*outing*
faire des **sorties**	*to go on outings*
sortir	*to go out*
nous **sortirons**	*we'll go out*
soulignez	*underline*
le **souper**	*supper*
vous **souriez**	*you smile*
une **souris**	*mouse*
sous	*under*
souvent	*often*
un **spectacle**	*show*
faire du **sport**	*do sport*
les **sports d'hiver**	*winter sports*
sportif, sportive	*keen on sport*
une émission **sportive**	*sports programme on television*
une **station balnéaire**	*seaside resort*
une **station-service**	*petrol station*
le **steak**	*steak*
un **stylo**	*pen*
le **sud**	*south*
je **suis**	*I am*
suivant	*following*

ils **suivent**	*they follow*
un **sujet**	*subject*
un **supplément**	*extra*
sur	*on, about*
sûr	*sure*
bien **sûr**	*of course*
en **sus**	*extra*
le **syndicat d'initiative**	*tourist office*

T

t'	*you*
ta	*your*
un **tabac**	*tobacconist*
un **tabouret**	*stool*
la **taille**	*size*
une **tante**	*aunt*
un **taxi**	*taxi*
te	*you*
un **tee-shirt**	*tee shirt*
la **télé**	*telly*
un **téléfilm**	*television play*
la **télévision**	*television*
quelle **température** faisait-il?	*what was the temperature?*
le **temps**	*time, weather*
quel **temps** a-t-il fait?	*what was the weather like?*
de **temps** en **temps**	*from time to time*
combien de **temps**?	*how long?*
du **temps** libre	*spare time*
une **tente**	*tent*
terminer	*to stop*
le **terrain**	*ground*
par **terre**	*on the floor*
la **terrine de campagne maison**	*home-made pâté*
tes	*your*
un **théâtre**	*theatre*
à **titre d'arrhes**	*as a deposit*
le **tir à l'arc**	*archery*
toi	*you*
une **tomate**	*tomato*
ton	*your*
une **tortue**	*tortoise*
tôt	*early*
toujours	*always, still*
la **Tour Eiffel**	*Eiffel Tower*
tous	*all*
tout	*all, everything*

pas du **tout**	not at all
tout près	very near
un **train**	train
un **trajet**	journey
un **transistor**	radio
un **travail**	job, work
du **travail**!	hard work!
il **travaillait**	he was working
j'ai **travaillé**	I worked
travailler	to work
travaillez	work
trente	thirty
très	very
le **tricot**	knitting, sweater
tripes au calvados	tripe cooked in apple brandy
trois	three
troisième	third
au **troisième**	on the third floor
trop	too much
une **trousse** de secours	first-aid kit
où se **trouve-t-il**?	where is it?
qui se **trouvent**	which are
trouver	to find
vous **trouverez**	you'll find
une **truite** aux amandes	trout cooked with almonds
T.T.	all taxes
tu	you

U

un, **une**	a, an, one
utile	useful
en **utilisant**	using

V

il **va**	he goes, is going
on **va**	we are going
va-t-il?	does he go?
les **vacances** (f. pl.)	holidays
en **vacances**	on holiday
les grandes **vacances**	the summer holidays
je **vais**	I go, am going
la **vaisselle**	dishes
une **valise**	case
crème **vanille**	vanilla dessert
les **variétés**	light entertainment programmes
tu **vas**	you go, are going

que **vas-tu** faire?	what are you going to do?
le **veau**	veal
vendredi	Friday
venir	to come
venu	came
véritable	real, true
nous **verrons**	we'll see
vers	about
au **verso**	on the other side
les **vêtements**	clothes
ils **veulent**	they want
il **veut**	he wants
tu **veux**	you want, you will
la **viande**	meat
la **vidéo**	video
vieille	old
tu **viendras**	you'll come
ils **viennent**	they come
viens-tu?	are you coming?
il **vient**	he comes
un **vignoble**	vineyard
une **villa** romaine	Roman villa
une **ville**	town
en **ville**	into town
du **vin**	wine
vingt	twenty
j'ai **visité**	I visited
visiter	to visit (places)
vite	quickly
voici	her is
voilà trois mois que	it is three months since
voir	to see
je suis **allé(e) voir**	I visited
je **vois**	I see
un(e) **voisin(e)**	neighbour
une **voiture**	car
vol	flight
le **volley**	volleyball
ils **vont**	they go, are going
vos	your
votre	your
je **voudrais**	I should like
je **voulais**	I wanted
vous **voulez**	you want
ne **vouliez-vous** pas?	didn't you want?
vous	you, yourself
faire un **voyage**	go on a journey, go on a trip
une **voyelle**	vowel (in French, the letters a, e, i, o, u, y)

vrai	*true*	il y a	*there is, there are*
vraiment	*really, very*	il y a une semaine	*a week ago*
j'ai **vu**	*I saw*	il n'y en a pas	*there aren't any*
		il y avait	*there were, there was*
		qu'y a-t-il?	*what is there? what are there?*

Y

y	*there*	un **yaourt**	*yoghurt*
y a-t-il?	*is there? are there?*	des **yeux**	*eyes*